职业教育旅游服务类专业课程改革新教材

景区（点）

Jingqu Jiangjieyuan Jiangjie Shixun Jiaocheng

讲解员讲解实训教程

主　编／秦盛林

副主编／牟世强　彭　慧

编　委／唐学军　康秋映　罗　旭　余　晋　张　力

　　　　王雨霏　廖　蓉　韦生键　宋　薇　雷　云

　　　　李智勇　崔　妍　吴婷婷（排名不分先后）

摄　影／秦盛林　周嘉杰　魏　宁　王建林

主　审／廖荣隆

zjfs.bnup.com | www.bnupg.com

北京师范大学出版集团
BEIJING NORMAL UNIVERSITY PUBLISHING GROUP
北京师范大学出版社

京师职教

图书在版编目（CIP）数据

景区（点）讲解员讲解实训教程／秦盛林主编．—北京：北京师范大学出版社，2016.9（2018.8重印）
中等职业教育旅游服务类专业课程改革新教材
ISBN 978-7-303-20832-6

Ⅰ．①景…　Ⅱ．①秦…　Ⅲ．①风景区－讲解工作－教材
Ⅳ．① G266

中国版本图书馆 CIP 数据核字（2016）第 150274 号

营 销 中 心 电 话	010-58802755　58801876
北师大出版社职业教育分社网	http：//zjfs.bnup.com
电 子 信 箱	zhijiao@bnupg.com

出版发行：北京师范大学出版社 www.bnupg.com
　　　　　北京市海淀区新街口外大街 19 号
　　　　　邮政编码：100875
印　　刷：保定市中画美凯印刷有限公司
经　　销：全国新华书店
开　　本：787 mm×1092 mm　1/16
印　　张：14.25
字　　数：300 千字
版　　次：2016 年 9 月第 1 版
印　　次：2018 年 8 月第 2 次印刷
定　　价：42.00 元

策划编辑：易　新　　　责任编辑：齐　琳　陈　倩
美术编辑：高　霞　　　　装帧设计：高　霞
责任校对：陈　民　　　　责任印制：陈　涛

前　言

　　随着社会的发展，旅游业已成为全球经济中发展势头最强劲和规模最大的产业之一。它增长速度快，资源消耗低，带动系数大，就业机会多，综合效益好，因此，产业规模不断扩大，产业体系日趋完善。2015 年，我国入境旅游稳步增长，接待入境过夜游客 5688.57 万人次，增长 2.3%，市场规模总量居世界第四，仅次于法国、美国和西班牙。现在旅游已经成为中国居民生活消费的重要组成部分。讲解员的素质如何，对旅游业的长远发展是至关重要的。

　　由于旅游业的蓬勃发展，游客者的需求也在发生变化，对景区（点）讲解员来说，讲解不再是以前简单化、格式化的讲解，而要成为一项丰富、复杂的工作。景区（点）讲解员要根据不同游客的需求，以灵活多变的讲解方法、生动活泼的讲解语言、丰富的讲解内容以及艺术性的讲解技巧为游客提供优质的讲解服务。

　　旅游景区（点）是旅游业的重要组成部分，是吸引旅游者的核心。将旅游景区（点）讲解技能进行单独培训并作为一门基础课程也只是近年来的事。我们根据景区（点）讲解技能的要求和景区（点）实际，充分将各种在实地讲解当中可能会遇到的问题予以剖析，从而让学生根据自己的实际情况，灵活处理与掌握。

　　基于以上原因，为了提高各院校旅游类专业学生和各景区（点）导游讲解部门新入职人员在景区（点）讲解员讲解实训方面的业务水平，本教材以 2013 年《中华人民共和国旅游法》为准绳，以培养德智体美等全面发展、具有综合职业能力、能胜任景区（点）讲解行业第一线讲解工作的高素质劳动者和中高级实用型人才为目标，结合景区（点）讲解员的职业要求、景区（点）讲解员的基本技能以及当今旅游发展趋势，把本教材分成乡村、生态旅游，宗教旅游，古街（镇）、博物馆旅游等几大模块内容，力求教材内容涵盖职业道德、服务意识、行业实际讲解模式等内容，并能使教材体现专业性、趣味性、易掌握性和实用性。

　　本教材适用于旅游服务与管理专业学生的景区（点）讲解专业课程教学，也适用于高星级饭店运营与管理专业的综合技能教学，还适合当作各旅游景区（点）讲解部门的讲解员提高自身讲解水平的专业书籍。当该书用于旅游服务与管理专业讲解专业技能教学时，本书共计 144 节课，拟开设两学期，每周 4 节课，每学期 72 节课；当该书用于高星级饭店运营与管理专业综合技能教学时，本书共计 72 节课，拟开设一个学期，每周 4 节课，每学期 72 节课，当然，各学校也可根据本校具体情况，对内容做合理增删和调整。具体学时安排建议如下：

模块名	课程内容	（专业技能实训）拟用学时	（综合技能学习）拟用学时
模块一	景区（点）讲解员的职业要求	4	2
模块二	乡村、生态旅游景区（点）讲解员实训	24	12
模块三	宗教旅游景区（点）讲解员实训	44	22
模块四	古街（镇）、博物馆旅游景区（点）讲解员实训	48	24
模块五	四川其他典型著名景区（点）讲解员实训	24	12

本教材在编写过程中，得到了成都市教育科学研究院职成所、成都市各重点职业学校、相关旅游行业以及景区（点）工作人员的大力支持与帮助，在此表示衷心的感谢。特别鸣谢"全国十佳导游"、旅游业界资深专家廖荣隆先生的大力支持。

希望各院校和其他读者在使用本教材的过程中，向我们提出修改建议，我们将不断改进，使其更加完善。

目　录

模块一　景区（点）讲解员的职业要求

模块目标

知识目标

★ 了解景区（点）讲解员的岗位职责

★ 掌握景区（点）讲解员应具备的职业道德

★ 掌握景区（点）讲解员应具备的职业修养

★ 掌握景区（点）讲解服务的基本原则

能力目标

★ 具备旅游景区（点）讲解员的基本职业素养

★ 熟练掌握旅游景区（点）讲解员的讲解技巧

情感目标

★ 具备职业自豪感及牢固的服务意识，树立自信、热情、敬业的价值观

★ 培养良好的职业道德，展示旅游景区（点）讲解员良好的精神面貌

模块描述

小王的景区（点）讲解生活

四川某古城旅游景区，作为国家 4A 级旅游景区，每年都吸引了大批游客。小王是该景区一名讲解员。"我们要求每位工作人员都能为游客做讲解，对于专业的讲解员，我们要求更高，"景区主任老张说，"景区（点）讲解员不仅要普通话好，形象气质佳，待人接物得体，服务游客周到，其个人素质也要很高。""每年的 5 月、10 月是旅游旺季，也是我们最忙的时候，有时带团讲解，中午都来不及吃饭。"小王说。在旅游旺季，他们每天早上 7 点半就要到岗。带队前，他们先检查自己的衣着是否得体，所需扩音器的电量是否充足，再查看团队的行程表等，从而做好准备工作。

景区讲解对讲解员的知识储备要求也很高。作为景区（点）的讲解员，

小王不仅需要记住该景区（点）的相关知识，还要熟知四川其他景区（点）的知识，背下来后，还要转变成自己的语言，从而更好地讲解给游客。"对于同一个景点，我每次讲解的内容都不完全一样。我每次都根据自己的积累，加入一些新的东西。有空的时候，我就会去景区，站在各个景点前思考并发掘出一些内在的东西，不断充实自己。"小王说。旅游淡季，他们要定期参加培训，并参与景区（点）的日常管理。作为景区（点）讲解员，对各景点知识的掌握当然是多多益善。有一次，小王接待了一位老教授，被问了一些比较深邃的历史知识，他没有回答上来。这给了他很大的压力，更给了他上进的动力。当然，遇到一些乱扔垃圾、损坏景区（点）设施的游客，他也会制止。

小王作为一名景区（点）讲解员无疑是勤奋和优秀的。他热爱自己的工作，并且不断地学习和进步，对景区（点）讲解工作有强烈的责任心。作为一名景区（点）讲解员，需要具备什么样的基本素质呢？景区（点）讲解的工作是什么样的状态呢？讲解员这个职业有什么样的特点呢？小王的景区（点）讲解生活有没有带给你一些启发呢？

模块任务

本模块主要讲解景区（点）讲解员的职业要求，力求使学生通过对本模块的学习，能完成以下任务。

任务一：景区（点）讲解员的岗位职责，完成【任务评价】和【学习心得】的填写。

任务二：景区（点）讲解员的职业道德，完成【任务评价】和【学习心得】的填写。

任务三：景区（点）讲解员的职业修养，完成【任务评价】和【学习心得】的填写。

任务一　景区（点）讲解员的岗位职责

★活动一　课前预习

1.学生通过报纸、杂志、网络等途径收集关于自己家乡或自己熟知的旅游景区（点）的相关资料。

2.学生通过筛选材料，尝试独立完成一篇讲解词。

3.想一想：作为景区（点）讲解员，在讲解如下旅游景区（点）（见下表）时，可以从哪些方面切入？

旅游资源层次	世界遗产	风景名胜区	湿地公园	自然保护区	森林公园	地质公园	4A级风景区	5A级风景区
数量	5	87	12	91	80	21	165	10

（注：数据于 2016 年 5 月采集自四川旅游政务网）

在这些景区（点）都有数量不等、水平高低各异的讲解员若干，他们构成了四川省各景区（点）的讲解队伍。他们介绍景区（点）美景，宣传国家旅游政策，解答游客的各种问题。

想一想：四川作为旅游大省，有这么多的旅游景区（点），这意味着景区（点）讲解员就业机会是很多的，但同时挑战也是巨大的。作为未来景区讲解的中坚力量，你准备好了吗？

★ 活动二　知识学习

一、什么是景区（点）讲解员

旅游景区（点）讲解员是指依法取得旅游景区、景点讲解证，受旅游景区、景点讲解服务单位委派，在核定的旅游景区、景点范围内为旅游者提供向导、讲解及相关服务的人员。

二、景区（点）讲解员行为规范

景区（点）讲解员行为规范如下：

第一，忠于祖国，坚持"内外有别"的原则；第二，严格按照规章制度办事，执行请示汇报制度；第三，自觉遵纪守法；第四，自尊自爱，不失人格、国格；第五，注意小节。

三、景区（点）讲解员岗位说明书

景区（点）讲解员岗位说明如下：

1. 讲解员必须服从讲解所的统一管理，自觉和认真执行讲解所的各项规章管理制度，严禁未经批准随意外出或无故连续缺勤和旷工。

2. 讲解员应规范保管和使用讲解证，严禁随意转借、涂改、伪造讲解证和未经批准擅自使用讲解证外出从事讲解活动。

3. 讲解员应严格服从讲解所的日常工作安排，遵守讲解所关于团队运行中的相关注意事项，自觉维护景区利益，积极以最优质的服务接待各方游客。严禁不服从工作安排，随意挑团、甩客。

4. 讲解员应将资格证、上岗培训费上交讲解所进行统一管理。

5. 讲解员应自觉遵守讲解所工作作息时间规定，按时上下班，不得无故迟到、早退。病假、事假须事先具备书面手续，经主管领导批准方可请假（迟到超过30分钟后再临时请假的将一律不予准假，并视同旷工处理），病假三天以上需持医院证明

和医院收费收据，如无医院收费收据视同事假处理。

6. 讲解员如要带实习讲解员跟团学习时，必须经中心主要领导批准，禁止讲解员在带团过程中将团交给实习讲解员讲解。

7. 讲解员在带团开展讲解活动前，应认真遵守和执行以下规定。

（1）讲解活动必须经单位委派。讲解员不得私自承揽或者以其他任何方式或借口直接承揽导游、讲解业务。如确因游客临时需要讲解服务的，讲解员应事先告知单位并经单位同意后方可进行洽谈和服务。

（2）讲解员应向游客讲明景区的环保须知，同时，在服务全程中，讲解员应始终自觉当好"景区卫生宣传员、保洁员"，用实际行动影响、带动每一位游客自觉遵守景区环保卫生规定。

8. 讲解员在带团开展讲解活动时，应认真遵守和执行以下规定。

（1）讲解员应遵守职业道德，着装统一整洁，用语文明，礼貌待人，热情服务，自觉维护景区荣誉。

（2）讲解员必须佩戴贴有照片，载明姓名、性别、编号、服务旅游景区景点的讲解证进行讲解服务。

（3）讲解员应当在讲解证载明的景区景点范围内进行讲解活动，不得超越旅游景区景点范围服务。

（4）讲解员应向游客发放胸卡，便于区别、寻找。10人以上团队，需持话筒向游客进行讲解，并持导游旗引领游客参观。

（5）讲解员应尊重游客的民族尊严、宗教信仰、民族风俗和生活习惯。

（6）讲解员应当向游客讲解旅游景区景点的人文和自然情况，介绍风土人情和习俗。讲解内容及语言应规范准确、健康文明；不得在讲解中掺杂庸俗下流及其他不健康内容。

（7）讲解员应对涉嫌欺诈经营的行为和可能危及游客人身、财物安全的情况，向旅游者做出真实说明或明确警示。

（8）讲解员应当严格按照规定的游览线路和游览内容进行讲解服务，不得擅自减少服务项目或中途终止讲解活动。若游客中途自愿减少游览内容或终止讲解服务的，讲解员应请游客以书面形式确认。

（9）讲解员应充分照顾到每位游客，协调好游览速度，保证每位游客都能顺利进行游览，完整听到讲解，不得使游览速度过快，让游客无法清楚了解景区。若游客要求延长讲解时间，讲解员应及时与单位取得联系。若游客游览时间有限，要求加快游览速度，讲解员应请游客书面确认。

（10）讲解员不得无故离团或自行乘坐观光车或缆车在前方等候游客，如团队中有部分人乘坐，讲解员应陪同未乘坐观光车或缆车的游客步行至前方汇合。

（11）讲解员不得以任何方式向游客兜售物品和索要小费、礼品，不得串通摊主、店主、车主欺骗、胁迫、敲诈游客消费。

（12）讲解员讲解服务费由讲解所统一收取，定期结算，公务接待讲解费由游客中心据实向景区管理局申请报账。讲解服务收费实行定额限价管理，严禁讲解员擅自违规收费。

（13）讲解员必须严格遵守景区景点旅游门票管理规定，严禁带客偷逃旅游门票。

（14）讲解员有权拒绝游客下列无理要求：侮辱其人格尊严的要求；违反其职业道德的要求；与我国民族风俗习惯不符的要求；违反国家法律、法规和规章规定的其他要求。

9. 游客对讲解员违反本办法规定的行为，有权向市旅游行政主管部门、景区管理局、游客中心和讲解所进行投诉。

景区管理局、游客中心、讲解所对讲解员违反本办法规定的行为，将进行及时调查和据实严肃处理，同时，将调查和处理的结果及时向市旅游行政主管部门通报。

★ 活动三　考核评价

【大讨论】

1. 作为旅游景区（点）讲解员，为什么必须服从安排而不能随意挑团、甩客？

2. 旅游景区（点）讲解员在带实习讲解员的时候，为什么不能让实习讲解员直接上团参与讲解？

【任务评价】

评价项目	自我评定	小组评定	教师评定
分析从业现状（30）			
讲述从业标准（30）			
讲述从业要求（20）			
讲述四川省旅游景（点）资源概况（20）			

续表

评价项目	自我评定	小组评定	教师评定
总评（等级评定）			

等级评定：优（90分以上）　良（80～89分）　中（70～79分）　合格（60～69分）

不合格（60分以下）

【学习心得】

_____

_____

_____

_____

任务二　景区（点）讲解员的职业道德

★ 活动一　课前预习

一、案例分析

一位英国老妇到中国故宫博物院游览观光，对接待她的景区（点）讲解员评价颇高，认为她服务态度好，语言水平也很高，便夸奖讲解员说："你的英语讲得好极了！"景区（点）讲解员马上回应说："我的英语讲得不好。"英国老妇一听生气了，"英语是我的母语，难道我不知道英语该怎么说？"老妇生气的原因无疑是景区（点）讲解员忽视东西方礼仪的差异所致。西方人讲究一是一、二是二，而东方人讲究的是谦虚，凡事不张扬。

二、实训前的准备

物质准备：讲解证、导游旗、随身包、记事本、景区（点）游览图、便携式讲解器、遮阳伞（雨伞）等。

心理准备：充满自信，告诉自己一定能完成接待任务，坚定吃苦耐劳的理念，了解游客的需求，分析景区（点）的哪些方面游客最感兴趣，熟悉景区（点）讲解词范文。

形象准备：干净的头发、大方得体的衣着、轻便且易于行走的鞋，男士不得留胡须，女士不得化浓妆，不留长指甲。

仔细核实接待计划，根据客人的特点选择适合的讲解风格。

★ 活动二 知识学习

景区（点）讲解员职业道德基本要求

道德是一种社会意识形态，是在一定社会中调整人与人之间以及人与社会之间关系的行为规范的总和。职业道德是把一般的社会道德标准与具体的职业特点结合起来的职业行为规范或标准。不同的职业有不同的职业道德标准，但它们都必须与社会公德一致，而不应相悖。

根据职业特点，景区（点）讲解员需具备以下职业道德准则。

（一）爱国爱企、自尊自强

爱国爱企、自尊自强是我国各行各业人员一项共同的道德规范和基本要求。它要求景区（点）讲解员在其业务工作中以主人翁的姿态出现，坚持国家利益高于一切的原则，时时以国家利益为重，为国家和企业的发展做出贡献。在工作中，要自觉维护国家和民族的尊严，有自尊心、自信心，要勇于开拓，自强不息。

训练方式建议：①经常宣讲爱国宣言、爱企宣言。②观看爱国主义影片，从中感悟爱国爱企、自强不息的职业精神。

（二）遵纪守法、廉洁奉公

遵纪守法、廉洁奉公是我国各行各业人员一项共同的道德规范。除了遵守国家法律、法规外，各行各业的人还要遵守本行业的法规和本单位的制度，景区（点）讲解员也是如此。景区（点）讲解员必须自觉遵守旅游行业的纪律，执行景区（点）讲解员服务质量标准，在工作中要做到不谋私利、公私分明、克己奉公，抵御各种诱惑。

训练方式建议：认真阅读《中学生守则》，用《中学生守则》中的相关条款比对自己的言行。

（三）敬业爱岗、恪守诚信

敬业爱岗、恪守诚信对于景区（点）讲解员来说很重要。一方面，游客构成复杂，使得讲解工作难度很大；另一方面，游客出门在外，各方面都会遇到困难，讲解员是他们的一个依靠。所以，讲解员在提供讲解服务时必须兢兢业业、克勤克俭、尽心尽责，勇于克服困难，以岗为荣；对待游客要真诚公道、信誉第一，要做到"诚于中而形于外"，不弄虚作假，不欺骗游客。

训练方式建议：①认真做好每一件工作、每次劳动、每天的作业、教师和学校交办的每件事情，保证工作、作业质量。②制订每天职业素质和学习持续改善计划，说到做到，每天履行承诺完成它。

（四）优质服务、宾客至上

优质服务、宾客至上是服务行业的一项基本道德规范，是服务人员的基本服务准则，也是服务人员职业道德水准的最终体现。优质服务应该是规范化与个性化相结合的服务，应该是高效率服务。服务人员在服务中应尽心尽力尽职，对工作精益求精。景区（点）讲解员要有很强的服务意识，要一切为游客着想，主动热情地为游客提供优质的景区（点）讲解服务，把游客的满意作为衡量自己工作的唯一标准。

训练方式建议：①分析相关案例。②每天为他人服务，做一件有意义的事情。③开展微笑训练。

（五）热情周到、端庄大方

热情周到、端庄大方既是服务人员的待客之道，也是服务人员应具备的基本品格，它体现了服务人员的高雅情操。景区（点）讲解员要将热情友好、无微不至贯穿于整个服务过程之中，要始终如一地为游客着想，关心他们并为他们排忧解难。在岗位工作中，景区（点）讲解员要衣着整洁，讲文明，讲礼貌，笑口常开，落落大方，使游客感到舒心、满意。

训练方式建议：①每天整理、规范衣着，保持良好状态；②学习中学生着装要求条款。

（六）一视同仁、不卑不亢

一视同仁、不卑不亢是一种爱国主义的具体体现，是国际交往、人际交往的一项行为准则。景区（点）讲解员在态度上、行为上对任何游客都要同样对待，绝不能厚此薄彼，切忌以貌取人，对待不同地位、不同肤色、不同经济地位的游客都要以礼相待。讲解员在工作中要维护自己的国格、人格，坚定自己的信念；既要谦虚谨慎，又不妄自菲薄；热爱祖国，但不妄自尊大；学习外国先进文化，但不盲目崇洋；服务热情周到，但不低三下四。

> **想一想**
> 　在讲解过程中，游客出现挑剔和责难的苗头时，景区（点）讲解员应该怎么办？

训练方式建议：在相关案例分析中去理解一视同仁、不卑不亢的职业道德。

（七）耐心细致、文明礼貌

耐心细致、文明礼貌是服务人员最重要的业务要求和行为规范，是衡量景区（点）讲解员工作态度和工作责任心的一项重要标准。讲解员对待游客要耐心、细心，讲解服务要有针对性，要根据游客的心理需要提供各项服务，时刻注意游客的反映，帮助游客解决游览中的问题。讲解员要尊重每一位游客，特别要尊重他们的宗教信仰、民族风俗和生活习惯，对游客要笑脸相迎、彬彬有礼、落落大方。

训练方式建议：在景区（点）讲解模拟训练中去体会对待游客的最佳态度。

（八）团结协作、顾全大局

团结协作、顾全大局是正确处理各方面关系的行为准则，是集体主义原则在服务工作中的具体体现。旅游接待服务是由许多环节组成的综合性服务，每一个环节的服务质量如何，都会对整个接待服务产生影响。景区（点）讲解服务虽然是旅游接待服务中的重要一环，也必须以旅游接待整体为重，以国家旅游业为重。所以，在业务工作中，讲解员要团结协作、顾全大局；要发扬主人翁的精神，与有关单位和人员密切配合、互相支持。

训练方式建议：团队合作训练，如拔河比赛，小组合作完成景区（点）讲解任务训练等。

★ 活动三　考核评价

【大讨论】

景区（点）讲解员这个职业是对职业道德要求非常高的一种工作。通过学习你有什么收获吗？通过怎样的途径能更好地提升景区（点）讲解员的职业道德呢？

【任务评价】

评价项目	自我评定	小组评定	教师评定
讲述如何做到爱国爱企、自尊自强（14）			
讲述如何做到遵纪守法、廉洁奉公（14）			
讲述如何做到敬业爱岗、恪守诚信（12）			
讲述如何做到优质服务、宾客至上（12）			
讲述如何做到热情周到、端庄大方（12）			
讲述如何做到一视同仁、不卑不亢（12）			
讲述如何做到耐心细致、文明礼貌（12）			
讲述如何做到团结协作、顾全大局（12）			
总评（等级评定）			
等级评定：优（90分以上）　良（80～89分）　中（70～79分）　合格（60～69分）　　　　不合格（60分以下）			

【学习心得】

_____

_____

_____

_____

任务三　景区（点）讲解员的职业修养

⭐ **活动一　课前预习**

一、案例分析

瘦西湖景区的讲解员们一直是公认的知识型讲解队伍。他们始终保持自己的鲜明特色，既能深刻地把握扬州历史文化名城的深厚底蕴，又能全面诠释扬州园林的文化内涵。

景区（点）讲解员是景区文化传播的重要组成部分，具有形象立体化、人格魅力化、讲解风格化、内容权威化的特点，在景区文化的传播中具有媒介作用、标志作用、信息反馈作用和扩散作用。景区（点）讲解员应提高自己的修养，学习丰富的文化知识，创新自己的讲解技能，以便更好、更有效地传播景区的文化。

二、实训前的准备

物质准备：讲解证、导游旗、随身包、记事本、景区游览图、便携式讲解器、遮阳伞（雨伞）等。

心理准备：充满自信，告诉自己一定能完成接待任务，坚定吃苦耐劳的理念，了解游客的需求，分析景区（点）的哪些方面游客最感兴趣，熟悉景区（点）讲解词范文。

形象准备：干净的头发、大方得体的衣着、轻便且易于行走的鞋，男士不得留胡须，女士不得化浓妆，不留长指甲。

仔细核实接待计划，根据客人的特点选择适合的讲解风格。

⭐ **活动二　知识学习**

景区（点）讲解员职业修养基本要求

修养是指人们在政治、思想、道德品质和知识技能等方面，经过长期锻炼和培养所达到的一定水平。景区（点）讲解员应该从情操修养、学风修养和文化修养三方面加强自身的修养。

（一）情操修养

情操是以某一种或某类事物为中心的一种负责的、有组织的情感倾向。景区（点）讲解员的情操是以讲解服务为中心而展开的对国家、集体、游客、个人的情感倾向。要加强景区（点）讲解员的情感修养，应从以下几个方面做起。

第一，热爱祖国和社会主义。讲解员应努力将个人利益与国家利益结合起来，把从事的景区（点）讲解员服务工作与社会主义建设事业结合起来，要有历史使命感和社会责任感。

第二，全心全意为游客服务。讲解员要热情友好地接待游客，细心周到地为游客服务，想游客之所想，急游客之所急，使他们高兴而来，满意而归。

第三，热爱集体。讲解员要深入了解旅游服务接待工作的整体性、协作性。景区（点）讲解员只是整个旅游服务工作中的一个环节，需要和其他单位、其他岗位的工作人员团结协作、互相配合，才能高质量地做好接待工作。所以，景区（点）讲解员应将自己置于集体之中，培养和树立集体主义思想意识。

第四，热爱本职工作。只有具有远大事业理想的讲解员，才能在工作中奋发图强，才能使工作有目标、有方向。景区（点）讲解员为了实现理想，应有大无畏的气概，勇于实践，勇于创造，使自己成为有目标、有理想、有道德、有文化、有纪律的合格讲解员。

（二）学风修养

人的知识需要不断充实、丰富，需要随时更新、扩展，以适应不断发展的时代。景区（点）讲解员工作是一项知识密集型的服务工作，从事此项工作的人不能只将它看作谋生的手段，更应将其看作一项事业，要活到老，学到老，重视自己的文化修养，努力提高自己的学识，争取为游客提供更好的讲解服务，使他们在精神方面获得一种美的享受。

（三）文化修养

文化修养的内涵非常丰富。知识、艺术鉴赏能力、兴趣爱好、审美情趣、礼节礼貌等都属于文化修养的范畴。作为景区（点）

> **注意生活细节：**
> 衣着干净整洁，礼仪大方端庄；
> 为人诚实守信，谈吐文雅得体。

讲解员，应重视自我文化修养，努力使自己成为一名举止端庄、谈吐文雅、严于律己、真诚待人的优秀讲解员，从而获得游客的尊重和欢迎。

★ 活动三　考核评价

【大讨论】

1. 景区（点）讲解员如何成为合格的景区形象代言人？

2. 景区（点）讲解员的基本素质包括哪些？

3. 景区（点）讲解员进行讲解服务时应注意哪些细节？

【练一练】

步骤	主题	措施
1	优秀景区（点）讲解员事迹报道收集	网络及报纸杂志
2	景区（点）讲解员典型服务案例	网络及报纸杂志

【任务评价】

评价项目	自我评定	小组评定	教师评定
讲述如何培养自己高尚的情操修养（30）			
讲述自己如何加强学风修养（30）			
讲述自己如何提高文化修养（30）			
总体印象（10）			
总评（等级评定）			
等级评定：优（90分以上）　良（80～89分）　中（70～79分）　合格（60～69分） 　　　　　不合格（60分以下）			

【学习心得】

_____

_____

_____

_____

模块二　乡村、生态旅游景区（点）讲解员实训

模块目标

知识目标

★ 了解乡村、生态旅游的内涵和发展

★ 熟悉乡村、生态旅游的特点

★ 掌握乡村、生态旅游的分类

能力目标

★ 了解收集关于乡村、生态旅游景区（点）相关资料的途径和方法

★ 学会加工和整理资料，能完成一篇较为成熟的讲解词

★ 能根据不同的游客类型，恰当地运用讲解技巧进行讲解

情感目标

★ 培养学生的绿色环保意识，从自身做起，从小事做起

★ 激发学生的好奇心和求知欲，丰富其生态学、植物学、环境学等领域的科学知识

★ 培养学生了解自然、热爱自然、立志环保的情操

模块描述

尴尬的讲解员

　　成都是中国有名的乡村旅游示范地，每年吸引着四面八方的游客到此领略成都的乡村之美。盛夏时节，成都有名的乡村旅游示范地荷塘月色正在举办荷花音乐节，讲解员小张正带领着一群美国游客徜徉在这荷花所构成的美丽世界里。游客们都陶醉在这无边的花海里，讲解员小张正不遗余力地为客人讲解事先背好的关于"荷塘月色"的讲解词，讲得大汗淋漓、热血沸腾。

这时，其中一位对中国文化非常感兴趣的游客突然问讲解员小张："张导啊，你们中国人经常讲到的早生贵子的莲子在这是否能找到呢？另外莲花与荷花是一种东西吗？它们有什么区别吗？"这位美国游客在这时提出的问题是小张事先没有准备的，小张不知道该怎么回答，气氛顿时显得非常尴尬。小张胡乱吃力地应付了半天也没有正面回答客人的问题，最终这位美国游客带着这个问题遗憾地离开了荷塘月色。作为讲解员，小张心里也觉得很过意不去，觉得自己不是合格的讲解员，丢人丢到外国去了，心里顿时非常郁闷。

形成尴尬的原因分析

小张作为景区（点）讲解员，在对游客服务的过程中热情很足，但是知识储备不够充分，对于自己所讲解的乡村、生态旅游的基本知识比较欠缺，导致客人随口一问就露出马脚，显得非常不专业，没有给客人留下完美的印象；在收集资料方面还不够深入，对景区（点）只做了一般性的了解，没有深入研究，导致此次讲解不成功，让客人带着遗憾和对讲解员的质疑离开。

知识链接

生态旅游是针对旅游业对环境的影响而产生和倡导的一种全新的旅游业。1988 年，生态旅游被定义为"作为常规旅游的一种特殊形式，游客在观赏和游览古今文化遗产的同时，置身于相对古朴、原始的自然区域，尽情考察和享乐旖旎风光和野生动植物"。这时期生态旅游的概念是指一种旅游业中的"复归自然""返璞归真"的观念。越来越多的旅游者更愿意到大自然中游览而不是去现代都市和海滨度假，强调发展旅游业时对自然景观的开发。1990 年，国际生态旅游协会把生态旅游定义为"在一定的自然区域中保护环境并提高当地居民福利的一种旅游行为"。生态旅游的内涵更强调的是对自然景观的保护，是可持续发展的旅游。生态旅游不应以牺牲环境为代价，而应与自然和谐，并且使当代人享受旅游的自然景观与人文景观的机会与后代人平等，即不能以当代人享受和牺牲旅游资源为代价，剥夺后代人本应合理地享有同等旅游资源的机会，甚至当代人在不破坏前人创造的人文景观和自然景观的前提下，为后代人建设和提供新的人文景观。并且，在生态旅游的全过程中，旅游者必须受到生动具体的生态教育。

真正的生态旅游是一种学习自然、保护自然的高层次的旅游活动和教育活动，单纯的盈利活动与生态旅游是背道而驰的。同时，生态旅游也是一项科技含量很高的绿色产业，需要生态学家、经济学家和社会学家等认真研究生态环境和旅游资源的承受能力并得到论证后，方可投资。否则，脆弱的生态系统可能会遭到不可逆转的干扰和破坏。生态旅游应该把环境教育、科学普及和精神文明建设作为其核心内容，真正使生态旅游成为人们学习大自然、热爱大自然、保护大自然的大学校。

模块任务

本模块主要针对乡村、生态旅游景区（点）的讲解员讲解实训练习，力求使学生通过对本模块的学习，能够完成以下任务。

任务一：掌握乡村、生态旅游的基础知识，并完成课后的【任务评价】和【学习心得】的填写。

任务二：能参照江西婺源乡村旅游景区（点）的模拟讲解词范文，完成对江西婺源乡村旅游景区（点）的讲解实训，并完成课后的【任务评价】和【实训心得】的填写。

任务三：能参照成都荷塘月色乡村旅游景区（点）的模拟讲解词范文，完成对成都荷塘月色乡村旅游景区（点）的讲解实训，并完成课后的【任务评价】和【实训心得】的填写。

任务四：能参照成都郫县友爱镇农科村乡村旅游景区（点）的模拟讲解词范文，完成对成都郫县友爱镇农科村乡村景区（点）的讲解实训，并完成课后的【任务评价】和【实训心得】的填写。

任务五：能参照江西鄱阳湖生态旅游景区（点）的模拟讲解词范文，完成对江西鄱阳湖生态旅游景区（点）的讲解实训，并完成课后的【任务评价】和【实训心得】的填写。

任务六：能参照四川雅安碧峰峡生态旅游景区（点）的模拟讲解词范文，完成对四川雅安碧峰峡生态旅游景区（点）的讲解实训，并完成课后的【任务评价】和【实训心得】的填写。

任务七：能参照四川蒲江嘉竹绿茶园生态旅游景区（点）的模拟讲解词范文，完成对四川蒲江嘉竹绿茶园生态旅游景区（点）的讲解实训，并完成课后的【任务评价】和【实训心得】的填写。

任务一　乡村、生态旅游的基础知识

★ 活动一　课前预习

1.学生通过报纸、杂志、网络等收集关于自己家乡或自己熟知的乡村、生态旅游景区（点）的相关资料。

2.学生通过筛选材料，尝试独立完成乡村景区（点）和生态景区（点）的讲解词各一篇。

3.想一想：作为景区（点）的讲解员，在讲解此类旅游景区（点）时，可以从哪些方面入手？

★ 活动二　知识学习

一、乡村、生态旅游的内涵

随着社会经济的发展以及人民生活水平的提高，回归自然、享受美景、陶冶情操已成为大众休闲的时尚选择。乡村生态旅游作为一种符合可持续发展的旅游形式和行为，以其自身特点迎合了人们的消费心理，顺应了时代发展的要求。它不仅丰富了旅游业的内容，而且繁荣了我国农村的经济和文化，带动了农村相关产业的发展。

乡村旅游是指利用乡村独特的自然环境、田园风光、生产经营形态、民俗风情、农耕文化、乡村聚落等资源，为旅游者提供观光、休闲、度假、体验、健身、娱乐和购物的一种新型的旅游经营活动。生态旅游与乡村旅游有着本质上的区别。生态旅游是以乡村为背景，具有生态旅游内涵的一种综合性旅游，它是乡村旅游发展的一种新模式。与传统的乡村旅游相比，它除了能满足游客的休闲娱乐、观光游览和农事学习等需求外，还具有生态体验和生态教育功能。它注重保护资源和环境，保持乡村地区经济、社会和环境的协调发展。

具有保护自然环境和保障当地人民生活双重责任的旅游活动是建设"新农村、新家园"的有效方式。

二、乡村、生态旅游的发展

（一）国内外乡村旅游发展一览图

阶段	国内	国外
起源	兴起阶段（1980年—1990年）：在改革开放初期，靠近城市和景区的少数农村根据当地特有的旅游资源，自发地开展了形式多样的乡村旅游，如荔枝节、桃花节、西瓜节等农业节庆活动，吸引城里游客。	萌芽——兴起阶段：19世纪初欧洲已形成一些较大的城市，部分城市居民开始向往乡村的美好环境，这带动了乡村旅游的发展，如在当时的法国、意大利等国家乡村旅游开始兴起。
发展	初期发展阶段（1990年—2000年）：在解决温饱之后，在大中城市郊区的农村逐渐开办一些观光休闲农业园或民俗户，开展采摘、钓鱼、野餐等旅游活动，如北京锦绣大地农业科技观光园、四川成都郫县农家乐、福建武夷山观光茶园等。	观光——发展阶段：20世纪60年代，西班牙开始发展现代意义上的乡村旅游，随后爱尔兰、美国、日本等国家先后推出了乡村旅游产品，重点开发以远离城市的农村传统文化特色和田园风光等资源为特征的乡村旅游。
提高	多样化经营阶段（2000年至今）：人民生活水平由温饱型向全面小康型转变，休闲旅游需求日益强烈，一些注重亲身体验的"乡村农事游"、注重绿色食品消费和乡村疗养的"乡村健康游"、注重农业科技教育的"乡村科教游"等逐渐兴起。乡村旅游开始形成观光、休闲、娱乐、度假、体验、学习、健康等综合功能。	度假——提高阶段：20世纪80年代后，在欧美一些发达国家，乡村旅游已具有相当规模，开始走上集观光、度假、体验、环保等多功能为一体的深化发展道路。特别是乡村旅游开展比较早的法国、爱尔兰、西班牙、日本、澳大利亚等国家，发展速度更加迅猛。

（二）生态旅游的发展概况

1. 欧美国家生态旅游发展概况

在欧洲、北美的经济发达国家，人们崇尚大自然，有着回归自然的传统，发展生态旅游有着良好的基础。首先是英国不失时机地发起了"绿色旅游业"运动，其主旨在于开放、开发国家公园，以满足旅游和环境保护的双重需要。德国生态村建设世界驰名，对生态环境保护和绿色运动做出了重要贡献。美国是世界上国家公园的创始者，1872年建立的黄石国家公园（Yellow Stone National Park）是世界上第一个最大的国家公园。

2. 亚洲国家生态旅游发展概况

亚洲最早开展生态旅游活动的国家是印度、尼泊尔、印度尼西亚和马来西亚等地。其中，印度尼西亚充分利用其"千岛之国"的优势开展生态旅游，其巴厘岛是驰名世界的生态旅游胜地。马来西亚覆盖着热带雨林，有丰富的动植物资源，还可以潜水观赏缤纷的海洋世界，被称为最完美的旅游胜地。亚洲生态旅游发展较快、生态旅游景区建设力度较大的国家还有日本。比较有特点的是日本水果之乡青森县的川世牧场，以草场放牧、牛棚挤奶和果园摘果作为其特色生态旅游活动。

3. 中国生态旅游发展概况

我国的生态旅游主要是依托于自然保护区、森林公园、风景名胜区等发展起来的。1982年，我国第一个国家级森林公园——张家界国家森林公园建立，将旅游开发与生态环境保护有机结合起来。此后，森林公园建设以及森林生态旅游得到突飞猛进的发展。虽然那时候开发的森林旅游不是严格意义上的生态旅游，但是为生态旅游的发展提供了良好的基础。至1999年初全国已经建起不同类型、不同层次的森林公园近900处。从1956年开始建立第一批自然保护区以来，截至1997年年底，我国共建各类自然保护区932处，其中国家级的有124处，被正式批准加入世界生物圈保护区网络的有14个。我国共有512处风景名胜区，总面积达9.6万平方千米。

1999年举办的昆明世博会和国家旅游局的"99生态环境游"主题活动大幅度推进了我国的生态旅游实践。在1999年，四川成都借世界旅游日主会场之机推出了九寨沟、黄龙、峨眉山、乐山大佛等景点，开发生态旅游产品。随后，湖南张家界国家森林公园举办国际森林保护节，推出武陵源等生态旅游区。以湖南和四川为起点，生态旅游逐渐在全国范围内发展起来。

三、乡村、生态旅游的特点

（一）乡村旅游的特点

1. 乡土性

乡土性是乡村旅游最基本的特征。它包括本土性、地域性、文化性和民族性。一方面，它表现为乡村性，即优美绚丽的乡村自然风光、丰富多彩的乡村民俗风情、充满情趣的乡土文化艺术、风格迥异的乡村民居建筑；另一方面，它表现在具有特色的地域性。例如，成都的"农家乐"充分展示了川西坝子特有的田园风光、民俗风情和古老的巴蜀文化，具有浓郁的农耕风味。

2. 参与性

现代乡村旅游的目的是使游客在农耕农忙中体会到劳动所带来的乐趣和全新的生活体验。游客既能观赏到优美的田园风光，又能满足参与的欲望，最后还能购得自己劳动的成果，很好地融观光、操作、购物于一体。另外，乡村旅游也能充分带动当地村民的积极性。

3. 休闲性

游客无论是在休闲农场（农庄）的游憩、采摘、农作、烧烤、食宿，还是参与垂钓俱乐部在水库、湖泊、鱼塘进行垂钓，又或者是在环境优美的乡村度假山庄避暑、避寒，都能够体验乡村文化，了解乡村生活，达到放松身心、休闲养身的效果。

4. 自然性

乡村旅游的自然性表现在两个方面：一是乡村旅游的设施和环境自然。例如，设施一般采用天然的木头、竹材、石材等环保材质，环境的营造也尽量考虑依山傍水、较少粉饰。二是在这样浓烈的原始自然环境中，游客的行为也较为放松自然，在爬山、游泳、滑雪、捕猎等接近自然的旅游活动中，游客的身心都能得到放松。

（二）生态旅游的特点

生态旅游的目的地是一些保护完整的自然和文化生态系统，参与者能够获得与众不同的经历。这种经历具有原始性、独特性的特点。

生态旅游强调旅游规模的小型化，这样既有利于提高游人的观光质量，又不会对环境造成大的破坏。

生态旅游可以让旅游者亲自参与其中，在实际体验中领会生态旅游的奥秘，从而使其更加热爱自然，这也有利于自然与文化资源的保护。

生态旅游是一种负责任的旅游，这些责任包括对旅游资源的保护和促进旅游的可持续发展等。生态旅游自身的这些能满足旅游需求和旅游供给需要的特征使生态旅游兴起成为可能。

四、乡村、生态旅游的分类

（一）乡村旅游的分类

乡村旅游包括农家乐乡村游、村镇型乡村游、现代农业科普游、农业产业集聚型旅游、民俗风情型乡村游、乡村休闲度假游和回归自然乡村游。

1. 农家乐乡村游

农家乐乡村游是指农民利用自家的庭院、自己生产的农产品，以及周围的田园风光、自然景点等，以低廉的价格吸引游客前来进行吃、住、行、游、娱、购等旅游活动。其主要类型有以下几种。

第一，农业观光农家乐，如四川成都龙泉驿区红砂村农家乐、湖南益阳花乡农家乐等。

第二，民俗文化农家乐，如贵州郎德上寨的民俗风情农家乐。

第三，民居型农家乐，如广西阳朔特色民居农家乐。

第四，休闲娱乐农家庄，如四川成都郫县农科村农家乐。

2. 村镇型乡村游

村镇型乡村游是指以古村镇宅院建筑和新农村建设格局为旅游吸引物，开发观光旅游。其主要类型有以下几种。

第一，古民居和古宅院游，如山西王家大院和乔家大院、福建闽南土楼等。

第二，民族村寨游，如云南瑞丽傣族自然村、红河哈尼族民俗村等。

第三，古镇建筑游，如山西平遥、云南丽江、浙江南浔、安徽徽州等。

第四，乡村风貌游，如北京韩河村、江苏华西村、河南南街村等。

3. 现代农业科普游

现代农业科普游是指利用农业科技观光园、农业科技生态园、农业产品展览馆、农业博览园或博物馆，为游客提供了解农业历史，学习农业技术，增长农业知识的旅游活动。其主要类型有以下几种。

第一，农业科技教育基地，如陕西杨凌全国农业科技观光园。

第二，观光休闲教育农业园，如广东高明蔼雯教育农庄。

第三，高新农业产业科技园，如北京霄壤山现代农业科技园等。

第四，农业博览园，如沈阳农业博览园、山东寿光生态农业博览园等。

4. 农业产业集聚型旅游

农业产业集聚型旅游是指利用规模化的农业产业活动和风貌，开发农业游、林果游、花卉游、渔业游、牧业游等不同特色的主题旅游活动。其主要类型有以下几种。

第一，农业产业基地游，如山东烟台葡萄园、上海孙桥现代农业观光园、内蒙古锡林郭勒草原游。

第二，园艺园林观光体验游，如四川泸州张坝桂圆林等。

5. 民俗风情型乡村游

民俗风情型乡村游是以乡村风土人情、民俗文化为旅游吸引物，充分突出农耕文化、乡土文化和民俗文化特色，开发农耕展示、民间技艺、时令民俗、节庆活动、民间歌舞等旅游活动，增加乡村旅游的文化内涵。其主要类型有以下几种。

第一，民族文化游，如贵州苗族民族村寨游、内蒙古呼伦贝尔金帐汗部落旅游等。

第二，民俗文化游，如山东日照任家台民俗村。

第三，乡土文化游，如湖南怀化荆坪古文化村。

第四，农耕文化游，如新疆吐鲁番坎儿井民俗园。

6. 乡村休闲度假游

乡村休闲度假游主要依托自然优美的乡野风景、舒适怡人的清新空气、独特的地热温泉、环保生态的绿色空间，结合周围的田园景观和民俗文化，兴建休闲、娱乐设施，为游客提供休息、度假、娱乐、餐饮、健身等场所。其主要类型有以下几种。

第一，休闲度假村，如广州梅州雁南飞茶田度假村。

第二，休闲农庄，如湖北武汉谦森岛庄园。

第三，乡村酒店，如四川郫县友爱镇农科村乡村酒店。

7. 回归自然乡村游

回归自然乡村游主要利用乡村优美的自然风景、奇异的山水、绿色森林等资源，发展观山、登山、森林浴、滑雪、水上娱乐等旅游活动，让游客感悟大自然，亲近大自然，回归大自然。其主要类型有水上乐园、露宿营地、乡村滑雪俱乐部、草原赛马、乡村高尔夫等。

（二）生态旅游的类型

早在"99 生态环境旅游年"的时候，推出的生态旅游的类型主要包括观鸟、野生动物旅游、自行车旅游、漂流旅游、沙漠探险、自然生态考察、滑雪旅游、登山探险、香格里拉探秘游、海洋之旅等十几类专项产品，共 193 项，向世界推荐开展生态旅游的森林公园 119 个。《世界遗产名录》中的中国风景名胜区 7 个，中国生物圈保护区 19 个，中国植物园 11 个。1999 年，国家旅游局同有关部门逐步规划开发，建设了一批生态旅游区，主要类型包括海洋、山地、沙漠、草原、热带动植物等。目前，我国生态旅游形式已从原生的自然景观发展到半人工生态景观，旅游对象包括原野、冰川、自然保护区、农村田园景观等。生态旅游形式包括游览、观赏、科考、探险、狩猎、垂钓、田园采摘及生态农业主体活动等，呈现出多样化的格局。

★ **活动三　考核评价**

【大讨论】

1. 为什么当今乡村、生态旅游能够得到广大游客的喜爱？

2. 乡村旅游与生态旅游的本质区别是什么？

【任务评价】

评价项目	自我评定	小组评定	教师评定
阐述乡村、生态旅游的内涵（25）			
阐述乡村、生态旅游的特点（25）			
阐述乡村、生态旅游的分类（25）			
阐述乡村、生态旅游的区别（25）			
总评（等级评定）			
等级评定：优（90分以上）　良（80～89分）　中（70～79分）　合格（60～69分） 不合格（60分以下）			

【学习心得】

_____

_____

_____

_____

任务二　江西婺源乡村旅游景区（点）讲解实训

★ 活动一　课前预习

一、乡村旅游代表性景点——江西婺源旅游景区（点）简介

婺源是江西省一个历史悠久的古县，历史上曾属安徽管辖，是古徽州一府六县之一，是南宋著名理学家朱熹的故里和中国铁路之父詹天佑的家乡。"一生痴绝处，无梦到徽州"中的"徽州"是被越来越多人提及的字眼。有人说这里是中国传统文化的家园。地处偏僻山乡的婺源很幸运地保存了古徽州的所有气韵。

这里民风淳朴，文风鼎盛，名胜古迹遍布全县，有保持完美的明清古建筑，有田园牧歌式的氛围和景色，既像是一幅未干的水粉画，又像是莫奈的印象派，处处都散落着可以谋杀胶卷的美。

婺源山明水秀，松竹连绵，飞檐翘角的古民居蜿蜒于青山绿水，或依山，隐现于古树青林之间；或傍水，倒映于溪池清泉之上；与层层梯田、缭绕云雾相映成趣，如诗如画。四季景色各呈千秋，尤其是春秋两季，漫山遍野的映山红和满山的红枫叶犹如一簇簇火苗争奇斗艳。置身于这样的景色之中，你会感觉到心旷神怡和流连忘返。

江西省婺源县江湾景区日前被国家旅游局正式授予"国家5A级旅游景区"称号，成为江西省第五个5A级景区。

二、实训前的准备

物质准备：讲解证、导游旗、随身包、记事本、江西婺源乡村景区（点）游览图、便携式讲解器、遮阳伞（雨伞）等。

心理准备：充满自信，告诉自己一定能完成接待任务，坚定吃苦耐劳的信念，了解游客的需求，分析江西婺源乡村旅游景区（点）的哪些方面游客最感兴趣，熟悉江西婺源乡村旅游景区（点）讲解词范文。

形象准备：干净的头发、大方得体的衣着、轻便且易于行走的鞋，男士不得留胡须，女士不得化浓妆，不留长指甲。

仔细核实接待计划，根据客人的特点选择适合的讲解风格。

★活动二　讲解词范文赏析及讲解实训练习

📖模拟范文赏析

江西婺源乡村旅游景区（点）讲解词

朋友们，大家好，非常欢迎大家来到我美丽的家乡——婺源。我是各位今天的婺源景区讲解员小李，很荣幸有这么好的机会可以把婺源的美景介绍给大家。

婺源是个好地方，这里被外界誉为"中国最美的乡村"。婺源是个美丽的地方，因为她有四季分明的气候，有漫山遍野的红杜鹃，有满坡的绿茶，有金黄的油菜花，再加上这眼前的白墙黛瓦，五种颜色，和谐搭配，胜过世上一切美丽的图画。婺源是个优雅的地方，因为这里"青山向晚盈轩翠，碧水含春傍槛流"，村村是画，步步皆景。山水间缥缈着的朦胧雾纱、古意盎然的民居、石径、廊桥，青山绿水环绕其间，全然剔透着一派水墨丹青的韵味。

婺源县位于江西省的东北角，是一颗镶嵌在赣、浙、皖三省交界地的绿色明珠。全县总面积3900平方千米，辖11个建制镇和15个乡，人口约33万，距今已

有 1200 多年的历史。县名婺源，则是因为"地当婺水之源"而得名。县境内有一条河流被称为婺水，它的意思就是"婺水的源头"。县境内多山地，素有"八分半山一分田，半分水路与庄园"之称，是一个典型的江南山区小县。

来婺源旅游最适合的时节是每年的三四月份，也就是现在。大家也看到了，婺源的花都开了，很漂亮吧！大家快看，那山间红艳艳的是杜鹃花，那金灿灿的是油菜花，咦？那绿油油的是什么东西呢？有没有朋友能够告诉我？对了！那是绿茶哦！所以我们婺源又被称为"茶乡"。朋友们选择在这个时间来到婺源真是太明智了，相信婺源的美绝对不会让您失望！

其实我们婺源景区在不同的时节会有不同的美。如果以后您在 5~7 月的江南梅雨季节来，一定要带上一把雨伞，因为在雨中漫步婺源的乡村青石板小巷也是别有一番风味的噢！如果您是 9~10 月来，那乡村丰收的景象会使您感觉到劳动的伟大。婺源的早晚比较凉爽，而白天依然是火热的，所以这个时候来，切记晚上不要着凉。婺源的冬天是农村的农闲季节，此时家家户户都会盘算着怎样过一个快乐的新年。您也可以选择这个时候来，在婺源体会一下徽州婺源的民俗风情，感受不同的年味。

现在，婺源旅游已形成东、西、北三条旅游精品线路，游客可在不同线路的景区体验婺源温婉的山水小镇景色与其深厚的徽州文化。而朋友们这次的行程主要以东线为主，主要景区有江湾、篁岭、李坑、汪口、晓起、江岭、庆源。这些景点各有特色，相信大家可以从中领略婺源不同层次的美。江岭的油菜花最具特色，江湾则以古老的徽派建筑及秀丽的山水风景为最，徽派建筑的代表村落有明清民居的宁静古朴之感。在婺源县海拔 1260 米的石耳山中一个有五百多年历史的幽静山村篁岭，更为东线增添了一份沉淀。

不知不觉间我们已经到达了今天的第一个景点，小桥流水人家——李坑。各位朋友，这里就是李坑村的"水口"。婺源人习惯把村口称为水口，原因是这里的村子全是依山傍水而建，水从这里流出村子。古时候，水口往往成为一个村庄的标志。村中有人出远门，家人必送到水口，千叮万嘱，挥泪洒别。在外多年的游子重返家乡，走着走着，一望见水口，便会激动不已，分外亲切。那这个村子为什么叫"李坑"呢？顾名思义，其实这个村子是个李姓聚居的村落。这个村子距今已有上千年的历史了。北宋大中祥符三年，也就是公元 1010 年，有一个叫李洞的人在此建村落，最初村子叫作"理田"：道理的理，田地的田。为什么叫理田呢？据村子里的老人说，他们现在的姓氏"木子李"是因为远祖在尧帝为部落首领时任大理，就是当时掌管刑法的大官，所以后人就以其官职为姓。还有一种说法就是因李洞的远祖在唐代末年由北方迁到南方时曾"占得从田之签"，李洞建村时不忘祖，取村名为"理田"。到了近代，李姓人渐渐集中居住于小溪两岸。在婺源，溪流又被称为"坑"，于是，约定俗成，就把这里称为李坑了。

李坑这里集中了一些非常有特色的建筑和名人故居，如小姐绣楼、申明亭、鱼塘屋、李书麟故居、大夫第等。让我们一起走近领略它们的风采吧。

在这里，除了能欣赏到李坑特别的建筑，还有可能看到美女登上绣楼现场抛绣球大胆示爱的传统表演。一些来此旅游的勇敢的帅哥们既欣赏了美景又能"抱得美人归"，不知道今天我们团队里面有没有这样勇敢的人呢？

好了，现在我们的车行驶的地方叫作江岭。大家现在看到不远处的层层叠叠，高低错落的梯田是江岭的特色。梯田下面，山窝里藏着一小撮粉墙黛瓦分外温柔可亲的风景，这就是婺源田园风光的代表。从江岭开始，公路始终在山间盘旋。从江岭向下看，全是层层梯田。曲折的线条，山谷盆地中的小河，河边聚集的三四个村庄，四周围绕着青山，构成了一幅极美的婺源农村风光画卷。作为"中国最美乡村"——田园风光的代表作，"江岭风光"是世界级摄影基地，由于其古树、河流、梯田、农舍、农作物的合理布局，体现了人与自然的亲近、和谐，"天人合一"在这里得以完美展示。

在海拔千米的高山上，梯田如链似带，壮丽雄奇，山顶人家成了江岭风光的大背景。香港著名摄影家陈复礼曾以这里为主题创作作品《天上人间》，获得了国际摄影大赛金奖，这里赞誉为"中国最美的乡村"。我国著名导演冯小刚拍摄的影片《集结号》也曾到此取外景。这里是常常能吸引摄影师镜头的地方，很多著名的摄影师慕名而来，也有很多摄影爱好者，时常会不吃不喝地守着这里的某一个小角落，希望能够在最佳的时间，拍出最美的图片！哦，喜欢拍照的朋友都着急了吧，我知道你们很想马上去拍几张好照片，但是不要着急，小李再占用大家一点时间，给大家介绍一下本地的美食，介绍完之后，小李会给大家预留足够的时间拍照哦！

有了美景，我就要给大家说说美食。说到美食就一定要向大家介绍婺源蜚名中外的四大特产。这四大特产好吃好喝又好用，可以用四种颜色来概括它们的特色，分别是"红、绿、黑、白"。"红"指的是"水中瑰宝"荷包红鱼，它肉嫩鲜美，是我国淡水鱼的良种，被选入国宴。美国时任总统尼克松、日本时任首相田中访华时都品尝过婺源的荷包红鱼。我们各位朋友的口福也不浅，因为，小李今天为大家安排的用餐菜肴里面，就有这道味道鲜美的地方特色菜。"绿"指的是"婺源绿茶"，它在唐朝时就已经被记入《茶经》，宋朝时被称为"绝品"，明清时期曾以"汤碧、香高、汁浓、味醇"等特点获得嘉靖皇帝赏赐的银牌，后来又在巴拿马万国博览会上获得金奖。"黑"指的是"砚国明珠"——龙尾砚，早在唐朝就以"声如铜、色如铁、性坚滑、善凝墨"名扬天下，南唐后主李煜夸其为"天下冠"。最后这个"白"指的是江湾雪梨，它果体大、肉厚、松脆香甜，属于果中上品。

好了，朋友们，小李说话算话，现在，就给大家 20 分钟的自由参观和拍照时间。20 分钟后在原地集合，我将带大家前往餐厅品尝婺源的美食。

📚 实训练习

一、阅读范文、释难解疑

首先，在教师指导下，阅读江西婺源乡村旅游景区（点）简介和讲解词范文，熟悉景区（点）概况，并找出讲解词范文中类似"篁岭"的"篁"等诸多生僻字，全部找出后，标注读音，反复练习。

其次，将范文中的"声如铜，色如铁、性坚滑、善凝墨"等语句摘录阅读并解释其含义。

最后，参照范文，根据自己的讲解特点和表达习惯，将范文做梳理与微调；选择适当的讲解技巧，将范文转化为适合自己讲解风格的解说词，完成对江西婺源乡村旅游景区（点）的讲解练习。

二、分解练习、循序渐进

首先，朗读范文，规范读音，理顺语句词汇；运用恰当的讲解方式和技巧，完成对江西婺源乡村旅游景区（点）的口头讲解初期练习。

其次，对江西婺源乡村旅游景区（点）范文中的地理位置、海拔高度、朝代年份、数字、诗词等，做到巧记熟记，不能出错。

再次，讲解时要求声音洪亮、吐字清楚，普通话标准流畅、语速适当。

然后，根据江西婺源乡村旅游景区（点）的特点，决定是否需要讲解器等辅助设备。

最后，分段落记忆与背诵，反复多次模拟讲解练习，逐步完成对江西婺源乡村旅游景区（点）的流畅讲解，直至达到"考核评价"的要求。

★ 活动三　考核评价

将学生分成若干个小组，每组六人，一人担任讲解员，其他人扮演游客，进行模拟讲解实训训练，组内成员轮流担任模拟讲解员。模拟讲解完毕后，成员填写"任务评价"表格。

【任务评价】

评价项目	自我评定	小组评定	教师评定
仪容仪表（10）			
礼节礼貌（15）			
语音语调（10）			
口头表达（20）			
体态语言（10）			
讲解内容（20）			
讲解技巧（15）			
总评（等级评定）			
等级评定：优（90分以上）　良（80～89分）　中（70～79分）　合格（60～69分） 　　　　　不合格（60分以下）			

【实训心得】

_____

_____

_____

_____

任务三　成都荷塘月色乡村旅游景区（点）讲解实训

★活动一　课前预习

一、乡村旅游代表性景点——成都荷塘月色旅游景区（点）简介

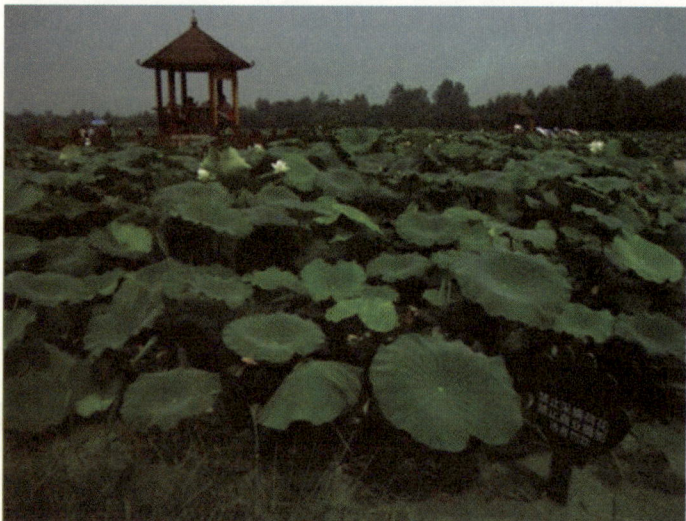

　　荷塘月色位于绕城高速公路外侧 500 米外的万福村。万福村地形为浅丘台地，沟河从区域内穿过，水资源丰富，区域总面积约 1074 亩（1 亩 ≈ 666.7 平方米）。当地农户主要从事花卉、莲藕种植，现有荷塘种植面积 600 余亩。荷花，素有"花中君子"的雅称，千百年来一直深受人们的喜爱，历代文人墨客也留下了为数众多的咏荷佳作，从南朝乐府的"莲叶何田田，鱼戏莲叶间""采莲难塘秋，莲花过人头"到周敦颐的"出淤泥而不染，濯清涟而不妖，中通外直，不蔓不枝，香远益清，亭亭净植，可远观而不可亵玩焉"，再到朱自清的《荷塘月色》所描绘的意境。"荷塘月色"景区借助了人们爱莲、赏莲的喜好，依托数百亩荷塘形成的优美风景，利用自然的田园风光打造人文环境，使荷塘月色散发出自己独有的艺术气息。景区内拥有非常好的生态植被，非常适合旅游、居住。其种植的荷花以"睡莲""晚莲"等观

赏性荷花为主，形成大面积的生态荷塘景观。其拥有的丰富水资源非常利于发展水岸生态经济。景区内拥有"收获季节赏画廊""精品观赏荷塘""莲花广场""乡村天空""万福春光画意村"等景观。荷塘、水岸生态景观与乡村酒店、休闲会所、艺术村相互借景，形成了荷塘月色独有的生态、人文景观，是旅游、度假、休闲的胜地。

二、实训前的准备

物质准备：讲解证、导游旗、随身包、记事本、荷塘月色景区（点）游览图、便携式讲解器、遮阳伞（雨伞）等。

心理准备：充满自信，告诉自己一定能完成接待任务，坚定吃苦耐劳的信念，了解游客的需求，分析荷塘月色乡村旅游景区（点）的哪些方面游客最感兴趣，熟悉荷塘月色乡村旅游景区（点）的讲解词范文。

形象准备：干净的头发、大方得体的衣着、轻便且易于行走的鞋，男士不得留胡须，女士不得化浓妆，不留长指甲。

仔细核实接待计划，根据客人的特点选择适合的讲解风格。

★ 活动二　讲解词范文赏析及讲解实训练习

📖 模拟范文赏析

成都荷塘月色乡村旅游景区（点）讲解词

各位游客，大家好！欢迎大家来到三圣花乡。我是讲解员小张，今天非常高兴能够带领大家参观游览，我们今天将去一个很特别的地方。有一首歌是这样唱的："我像只鱼儿在你的荷塘，只为和你守候那皎白月光，游过的四季荷花依然香，等你宛在水中央……"这样一曲耳熟能详的歌曲相信朋友们都听过吧，对，这是来自凤凰传奇的歌曲《荷塘月色》，而我们今天要参观的，就是被誉为三圣花乡五朵金花之一的"荷塘月色"。

荷塘月色取名来源于朱自清先生的散文《荷塘月色》。这里地形为浅丘台地，沟河穿过，水资源丰富，区域总面积约 71.6 公顷（1 公顷 =10000 平方米）。当地农户主要从事花卉、莲藕种植，现有荷塘种植面积 40 公顷。

景区内风景秀丽、环境幽静、空气清新，富含氧离子和荷花的芬芳。当你置身于一望无际的荷塘时，定能沉浸在朱自清所作的《荷塘月色》的漫想中。景区内非常适合旅游、居住。其种植的荷花以"睡莲""晚莲"等观赏性荷花为主，形成大面积的生态荷塘景观。其拥有的丰富水资源非常利于发展水岸生态经济。景区内拥有"收获季节赏画廊""精品观赏荷塘""莲花广场""乡村天空""万福春光画意村"等景观。荷塘、水岸生态景观与乡村酒店、休闲会所、艺术村互相借景，形成了荷塘月色独有的生态、人文景观。

"荷塘月色"景区以生态荷塘景观为载体，以绘画、音乐等艺术形态为主题，将湿地生态、荷花文化和谐统一在一起。这里景色独特优美，艺术气息浓郁，是一个观光休闲、体验艺术魅力的理想之地。2005年，当地政府利用闲置荒坡，通过土

地整理，大力打造万福风光画意村；通过引进知名画家、自由画家，打造"户户都是画意村"，带动绘画相关产业的发展。万福风光画意村由24幢画家工作楼构成，园区自然环境优美，其建筑风格美观、典雅，既有川西民居特点，又有欧式建筑特色。

工作楼布局合理，有展示厅、画室，既可完成创作展示，又可用作培训教学。目前，有省内外 24 位知名画家入住画意村。这些画家的绘画类别涉及国画、油画、版画、人物、山水、花鸟等画派，风格俱全。所入驻画家为国家一级美术师居多，社会知名度和社会影响力较强，说不定，我们今天还能碰见他们呢。

随着"五朵金花"景区级别的不断提升，荷塘月色的艺术氛围正逐步形成，万福风光画意村名声远播。政府充分发挥引导及桥梁作用，区域内画家作品的产、展、销一条龙的艺术产业链日臻完善。知名画家的艺术魅力和知名度吸引了众多游客，促进了消费，有效地推动着当地农民的致富增收。好了，就让我们一起走进这美丽的景区，感受别样的荷塘月色吧。

实训练习

一、阅读范文、释难解疑

首先，在教师指导下，阅读荷塘月色乡村旅游景区（点）简介和讲解词范文，熟悉景区（点）的概况。

其次，找出讲解词范文中提到的成都乡村旅游"五朵金花"的概况。

最后，参照范文，根据自己的讲解特点和表达习惯，将范文做梳理与微调；选择适当的讲解技巧，将范文转化为适合自己讲解风格的解说词，完成对荷塘月色乡村旅游景区（点）的讲解练习。

二、分解练习、循序渐进

首先，朗读范文，规范读音，理顺语句词汇；运用恰当的讲解方式和技巧，完成对荷塘月色乡村旅游景区（点）的口头讲解初期练习。

其次，对荷塘月色乡村旅游景区（点）范文中的地理位置，绘画、音乐等艺术形态，湿地生态，荷花文化等，做到巧记熟记，不能出错。

再次，讲解时要求声音洪亮、吐字清楚，普通话标准流畅、语速适当。

然后，根据荷塘月色乡村旅游景区（点）的特点，决定是否需要讲解器等辅助设备。

最后，分段落记忆与背诵，反复多次模拟讲解练习，逐步完成对荷塘月色乡村旅游景区（点）的流畅讲解，直至达到"考核评价"的要求。

★ 活动三　考核评价

将学生分成若干个小组，每组六人，一人担任讲解员，其他人扮演游客，进行模拟讲解实训训练，组内成员轮流担任模拟讲解员。模拟讲解完毕后，成员填写"任务评价"表格。

【任务评价】

评价项目	自我评定	小组评定	教师评定
仪容仪表（10）			
礼节礼貌（15）			
语音语调（10）			
口头表达（20）			
体态语言（10）			
讲解内容（20）			
讲解技巧（15）			
总评（等级评定）			
等级评定：优（90分以上）　良（80～89分）　中（70～79分）　合格（60～69分）　　　不合格（60分以下）			

【实训心得】

_____

_____

_____

_____

任务四　成都郫县友爱镇农科村乡村旅游景区（点）讲解实训

⭐**活动一　课前预习**

一、乡村旅游代表性景点——郫县友爱镇农科村乡村旅游景区（点）简介

20世纪80年代末，在西汉大儒扬雄的故里——四川省成都市郫县友爱镇农科村，一块崭新的旅游品牌破天荒地冒出了农家小院。这就是先由几家农户发端，继而扩展到全村、全县、全川乃至全国的"农家乐"，开创了全国农家休闲旅游的先河，成为一种乡村旅游的模式。

郫县友爱镇农科村位于县城西郊，距成都市区28千米。农科村人在农村改革中大胆探索，在发展花卉的基础上，成功地嫁接出了民俗旅游业，并使之向产业化发展，走出了一条农民致富不离土的新路。

公路贯通全境，已实现村村通、社社通，区位优势较为突出。受都江堰水利工程惠泽，走马河、江安河夹镇域而过，土地肥沃、气候温和、人杰地灵。西汉大儒扬雄出生并安葬于此，文化底蕴十分厚重。

徐家大院坐落于友爱镇农科村，中国第一家农家乐就诞生于此，先后接待过很多党和国家领导人以及国际友人。省里的老领导还为大院题写了"农家乐"字幅，农家乐由此得名。徐家大院由川西特色的农家平房与仿古小楼构成，大院中套着数个小院，园林建筑别具匠心，是川派盆景的精品展示基地。业主徐纪元就是远近知名的高级园艺师。徐家大院的发展模式是中国农村实现富裕型小康的一个典范。

二、实训前的准备

物质准备：讲解证、导游旗、随身包、记事本、郫县农科村乡村旅游景区（点）游览图、便携式讲解器、遮阳伞（雨伞）等。

心理准备：充满自信，告诉自己一定能完成接待任务，坚定吃苦耐劳的信念，了解游客的需求，分析郫县农科村乡村旅游景区（点）的哪些方面游客最感兴趣，熟悉郫县农科村乡村旅游景区（点）的讲解词范文。

形象准备：干净的头发、大方得体的衣着、轻便且易于行走的鞋，男士不得留胡须，女士不得化浓妆，不留长指甲。

仔细核实接待计划，根据客人的特点选择适合的讲解风格。

⭐ **活动二　讲解词范文赏析及讲解实训练习**

📖 **模拟范文赏析**

成都郫县农科村乡村旅游景区（点）讲解词

游客朋友们，大家好！著名的中国农家乐发源地——郫县农科村景区已经到了。我们看到的正前方的这个广场就是扬雄广场。大家有没有听说过扬雄呢？他可是与司马相如齐名的汉赋大家哦。扬雄，字子云，古书记载是蜀郡成都人。他的陵墓和纪念他的子云亭、问字亭等景点都在这附近。扬雄不仅是汉代著名的学者、辞赋家、语言学家，更是一位品格高尚、深受后人敬佩的先贤。他所倡导的和合理论，对我们今天创建和谐社会也有一定的积极意义。

大家请看，这座气势雄伟的牌坊上，就有很多纪念扬雄的图文和联语，对杨雄的生平事迹都有阐述。各位可以走近点观看。

看完这些图文后，请大家再抬头看看正门上方，是不是还有"中国农家乐发源地"八个大字呢？对了，这就是名扬海内外的中国农家乐发源地——郫县友爱农科村大牌坊了。

穿过牌坊，我们现在所在的位置是迎宾大道。大家一面欣赏沿途景色，一面听我讲讲这中国农家乐发源地——郫县农科村吧！农科村，作为中国农家乐的发源地，既是一处闻名国内外的大型花木生产基地，又是一处独具川西民俗特色的乡村旅游景区。而农家乐，作为一种新兴的旅游模式，能够率先在这里诞生，绝不是偶然的。早在清末民初，这里种花养兰就蔚然成风。20 世纪 60 年代，这里是乡里的农业科技试验队，但它比别处多了一座果园。恰好是这座难得的果园培养出的一批园艺人才，成为后来农科村花木种植的带头人。

农科村以花木种植、销售、观赏及参观学习于一体，以徐家大院为首的花木专业户率先把旅游接待业务开展起来。一个以农户自有庭院、园林为载体的农家旅游在全国率先诞生。它不仅是农村产业结构调整的创新模式，也是城乡一体化建设的成功范例，更是实现农村劳动力转移的有效途径，自然也就引起各级党委政府的高度重视。一大批党和国家领导人先后来村视察，对农科村给予了充分的肯定，同时也对种植户们给予了极大的鼓舞，农科村的发展也就更快更好了。迄今，全国乃至世界慕名而来的参观者络绎不绝，纷纷称赞农科村说："郫县农科村这种旅游模式了不起，这是中国农民的一种创造、一种发明。"

据统计，郫县具有一定规模的农家乐现在已有两百余家，其中星级农家乐三十余家，在星级酒店基础上发展成为乡村酒店的达十余家。这也成为农科村主要的经济收入之一，也是当地百姓良性发展农家乐的保障和支撑。

请随我往前走，接下来我们来到的景点是"中华盆景园"。大家一看就知道，这里是因盆景而出名的。这里目前以盆景为主题，园内的各类盆景是经过了近二十年的不断积累，精心打造而成的。整个园子占地近三十亩，分成银杏、金弹子、蜡梅、罗汉松桩头和精品盆景五个片区。别具风韵的亭台，红柱青瓦的通透式茶廊，姿态各异的众多根雕精品，构成一幅生动的川西民俗风景画。

各位，我们到了农科村，还有一个必须要参观的景点。朋友们要问了，那是哪里呢？不急，请大家看我的右手边，这座建筑群便是我们必看的景点了，它就是被誉为"农家乐鼻祖"的徐家大院了。这徐家大院是多年前由当地农户徐纪元开办的，整个院子占地二十余亩，由川西特色的农家平房与仿古小楼构成，极具川西特色。而现在的它是一家四星级的乡村酒店，也是农科村最早的农家乐景点之一。大家看！它那颇具民俗情韵的院墙，极富川西格调的楼舍，气势不凡的大型桩头，姿态各异的多种盆景，汇成了大院别致的景观。而门楣上熠熠生辉的四颗金星，无不展示着本院历史上的辉煌。

进入大院，我们可以看到，这是一座三代同院的农家乐。除了最具川西民居特色的小青瓦房，还有 20 世纪末期修建的仿古式小楼房与 21 世纪初修建的现代中式建筑，与长亭、独亭、小桥流水、喷泉、假山、长短廊等景观相映成趣，形成独具特色的徐家大院美景。酒店为园林式乡村酒店，是集餐饮美食、商务会议、酒店住宿、观光体验为一体的综合型度假场所。现在这间乡村酒店拥有 130 多间温馨兼具特色的精品客房、可容纳 500 人的商务会议楼、可接待 800 人的农家风味餐厅，以及与自然融为一体的茶廊。

那到了农家乐景区怎么玩才算好玩呢？一般到了这里，我们可以选择吃吃农家饭，看看农家景，住住农家屋，享受农家乐，感受农科村浓郁的川西民俗风情。怀着一颗休闲、淡定、体验和欣赏的心，你就可以体会到农家乐的美妙。好了，各位，我的介绍就暂时告一段落，现在请大家自由参观，细细品味。45 分钟后请回到原地，我将带大家前去感受农家乐的美食，午餐的时候，我再给大家细讲农家菜的故事，谢谢大家。

📖 实训练习

一、阅读范文、释难解疑

首先，在教师指导下，阅读郫县农科村乡村旅游景区（点）简介和讲解词范文，熟悉景区（点）概况，掌握讲解词范文中各字词的发音等。

其次，找出讲解词范文中提到的"联语"一词的含义，并查阅扬雄的主要生平事迹，做成资料卡。

最后，参照范文，根据自己的讲解特点和表达习惯，将范文做梳理与微调；选择适当的讲解技巧，将范文转化为适合自己讲解风格的解说词，完成对郫县农科村乡村旅游景区（点）的讲解练习。

二、分解练习、循序渐进

首先，朗读范文，规范读音，理顺语句词汇；运用恰当的讲解方式和技巧，完成对郫县农科村乡村旅游景区（点）的口头讲解初期练习。

其次，对郫县农科村乡村旅游景区（点）范文中的地理位置、川西民俗风情的介绍等，做到巧记熟记，不能出错。

再次，讲解时要求声音洪亮、吐字清楚，普通话标准流畅、语速适当。

然后，根据郫县农科村乡村旅游景区（点）的特点，决定是否需要讲解器等辅助设备。

最后，分段落记忆与背诵，反复多次模拟讲解练习，逐步完成对郫县农科村乡村旅游景区（点）的流畅讲解，直至达到"考核评价"的要求。

★ **活动三　考核评价**

将学生分成若干个小组，每组六人，一人担任讲解员，其他人扮演游客，进行模拟讲解实训训练，组内成员轮流担任模拟讲解员。模拟讲解完毕后，成员填写"任务评价"表格。

【任务评价】

评价项目	自我评定	小组评定	教师评定
仪容仪表（10）			
礼节礼貌（15）			
语音语调（10）			
口头表达（20）			
体态语言（10）			
讲解内容（20）			
讲解技巧（15）			
总评（等级评定）			
等级评定：优（90分以上）　良（80～89分）　中（70～79分）　合格（60～69分）　不合格（60分以下）			

【实训心得】

_____

_____

_____

_____

任务五　江西鄱阳湖生态旅游景区（点）讲解实训

★ 活动一　课前预习

一、生态旅游代表性景点——江西鄱阳湖生态旅游景区（点）简介

鄱阳湖位于江西省北部，长江南岸，流经南昌市，是中国第一大淡水湖，从面积上来说是中国第二大湖，仅次于青海湖。

鄱阳湖跨南昌、鄱阳、九江等市县，汇集赣江、抚河等，水经湖口注入长江。鄱阳湖通常以都昌和吴城间的松门山为界，分为南北（或东西）两湖。松门山西北为北湖，或称西鄱湖，湖面狭窄，实为一狭长通江港道。松门山东南为南湖，或称东鄱湖，湖面辽阔，是湖区主体。鄱阳湖景色十分优美，拥有江南最密集的湖、最高贵的鸟、最多姿的水、最诗意的草。

鄱阳湖是国际重要湿地，是长江干流重要的调蓄性湖泊，在中国长江流域中发挥着巨大的调蓄洪水和保护生物多样性等特殊生态功能，是我国十大生态功能保护区之一，也是世界自然基金会划定的全球重要生态区之一，对维系区域和国家生态安全具有重要作用。

二、实训前的准备

物质准备：讲解证、导游旗、随身包、记事本、鄱阳湖生态旅游景区（点）游览图、便携式讲解器、遮阳伞（雨伞）等。

心理准备：充满自信，告诉自己一定能完成接待任务，坚定吃苦耐劳的信念，了解游客的需求，分析鄱阳湖景区的哪些方面游客最感兴趣，熟悉鄱阳湖生态旅游景区（点）的讲解词范文。

形象准备：干净的头发、大方得体的衣着、轻便且易于行走的鞋，男士不得留胡须，女士不得化浓妆，不留长指甲。

仔细核实接待计划，根据客人的特点选择适合的讲解风格。

★ 活动二　讲解词范文赏析及讲解实训练习

📖 模拟范文赏析

江西鄱阳湖生态旅游景区（点）讲解词

游客朋友们，你们好！欢迎您来到鄱阳湖国家湿地公园！我是鄱阳湖国家湿地公园景区讲解员小张，我将陪伴大家度过今天的鄱阳湖国家湿地公园游程。在游览过程中各位有什么要求，可以尽管跟我说，我将尽力为大家服务。

鄱阳湖，犹如一只巨大的宝葫芦，系在万里长江的腰带上。它位于江西省北部、长江南岸，是中国第一大淡水湖，也是中国面积第二大的湖泊，仅次于青海湖。鄱阳湖南北长 173 千米，东西最宽处达 74 千米，湖岸线长 1200 千米。在正常的水位情况下，鄱阳湖面积有 3914 平方千米，容积达 300 亿立方米，平均水深 8.4 米，最深处 25.1 米左右。它每年流入长江的水量超过黄河、淮河、海河三条河水量的总和，是我国保持最好的淡水湖泊，水质达到国家一级水平，可直接饮用。鄱阳湖，一幅精美秀丽的斑斓画卷，融山水灵气于一方，汇自然与人文为一体。

各位朋友们，大家请看，在它的东岸，也就是顺着我手指的方向就是鄱阳湖国家湿地公园所在地。鄱阳湖国家湿地公园位于江西省北部，总面积约为 36285 公顷，其中湿地总面积约为 35116 公顷，占土地总面积的 96.8%。鄱阳湖国家湿地公园为世界六大湿地之一，是亚洲湿地面积最大、湿地物种最丰富、湿地景观最美丽、湿地文化最厚重的国家湿地公园。

湿地公园规划总面积达 365 平方千米，项目总投资逾 100 亿元。鄱阳湖国家湿地公园以自然的鄱阳湖、河流、泥滩、岛屿、泛滥地、池塘等湿地为主体景观。湿地资源丰富，类型众多，极具代表性。鄱阳湖国家湿地公园中的候鸟也甚得世人的喜爱。鄱阳湖是世界上最大的白鹤和天鹅越冬地，其中白鹤占全球总数的 98% 以上，堪称全球举世瞩目的"白鹤王国"。每年有几十万只天鹅在此过冬，场面非常壮观，英国菲利普亲王称其为"中国的第二长城"。鄱阳湖国家湿地公园内景色优美，旅游吸引物众多，拥有江南最密集的湖、最高贵的鸟、最多姿的水、最温柔的荻、最诗意的草，因此深受游客的喜爱。

鄱阳湖还是国际重要湿地之一，是中国长江干流上重要的调蓄性湖泊，在中国长江流域中发挥着巨大的调蓄洪水和保护生物多样性等特殊生态功能，是我国十大生态功能保护区之一，也是世界自然基金会划定的全球重要生态区之一，对维系区域和国家生态安全起着重要的作用。

朋友们，对鄱阳湖的讲解我先告一段落。俗话说"百闻不如一见，百见不如一体验"，那现在就请大家亲自走进这湖光美景中间，用您的眼睛、耳朵、鼻子和心灵好好体会鄱阳湖的美丽，在夕阳的余晖中体会"秋水共长天一色，落霞与孤鹜齐飞"的绝美意境吧。希望大家玩得开心！我会给大家留一个小时的时间自由参观，一个小时后，我们在前面的广告牌架下集合，前往下一个观景点。

📖 实训练习

一、阅读范文、释难解疑

首先，在教师指导下，阅读江西鄱阳湖生态旅游景区（点）简介和讲解词范文，熟悉景区（点）概况，并找出讲解词范文中类似"鄱阳湖"的"鄱"等诸多生僻字，全部找出后，标注读音，反复练习。

其次，在中国，鹤通常被视作长寿的象征。找出讲解词范文中提到的白鹤属于哪一类，并找出相关鹤类进行归类，然后做成资料卡。

最后，参照范文，根据自己的讲解特点和表达习惯，将范文做梳理与微调；选择适当的讲解技巧，将范文转化为适合自己讲解风格的解说词，完成对鄱阳湖生态旅游景区（点）的讲解练习。

二、分解练习、循序渐进

首先，朗读范文，规范读音，理顺语句词汇；运用恰当的讲解方式和技巧，完成对鄱阳湖生态旅游景区（点）的口头讲解初期练习。

其次，对鄱阳湖生态旅游景区（点）范文中的地理位置，湿地对气候的调节影响等，做到巧记熟记，不能出错。

再次，讲解时要求声音洪亮、吐字清楚，普通话标准流畅、语速适当。

然后，根据鄱阳湖生态旅游景区（点）的特点，决定是否需要讲解器等辅助设备。

最后，分段落记忆与背诵，反复多次模拟讲解练习，逐步完成对鄱阳湖生态旅游景区（点）的流畅讲解，直至达到"考核评价"的要求。

⭐ 活动三 考核评价

将学生分成若干个小组，每组六人，一人担任讲解员，其他人扮演游客，进行模拟讲解实训训练，组内成员轮流担任模拟讲解员。模拟讲解完毕后，成员填写"任务评价"表格。

【任务评价】

评价项目	自我评定	小组评定	教师评定
仪容仪表（10）			
礼节礼貌（15）			
语音语调（10）			
口头表达（20）			
体态语言（10）			
讲解内容（20）			
讲解技巧（15）			
总评（等级评定）			
等级评定：优（90分以上）　良（80～89分）　中（70～79分）　合格（60～69分） 　　　　　不合格（60分以下）			

【实训心得】

_____

_____

_____

_____

任务六　四川雅安碧峰峡生态旅游景区（点）讲解实训

★ 活动一　课前预习

一、生态旅游代表性景点——四川雅安碧峰峡生态旅游景区（点）简介

四川雅安碧峰峡因林木葱茏、四季青碧而得名。传说是补天英雄女娲所化而成，景区内六十多个景点均与女娲有关，颇为神秘。在碧峰峡风景区你能呼吸到群山幽谷酝酿的芳醇空气，寻找到万古犹存的补天遗迹，聆听到那些曾在此发生过的美丽的爱情故事。它像一首空灵的朦胧诗，一幅淡雅的水墨画，等待你去品味，去赏析。碧峰峡风景区由两条峡谷构成，左峡谷长7千米，右峡谷长6千米，两峡谷呈V字形，是一个封闭式的可循环的游览景区。峡宽30～70米，海拔700～1971米，峡壁高度100～200米，青峰对峙，景色秀雅，是休闲度假、避暑纳凉的绝佳之地。

碧峰峡景区包含黄龙峡、天仙桥、天然盆景、千层岩瀑布、白龙潭瀑布、女娲池、滴水栈道等众多景点。碧峰峡野生动物园位于空气质量优良、天然野生动物资源丰

富的雅安市北 8 千米处的碧峰峡风景区内，是由成都万贯（集团）置业股份有限公司投资建设的西南第一家野生动物园，也是全国第一家生态型的野生动物园。

二、实训前的准备

物质准备：讲解证、导游旗、随身包、记事本、碧峰峡生态旅游景区（点）游览图、便携式讲解器、遮阳伞（雨伞）等。

心理准备：充满自信，告诉自己一定能完成接待任务，坚定吃苦耐劳的信念，了解游客的需求，分析碧峰峡生态旅游景区（点）的哪些方面游客最感兴趣，熟悉碧峰峡生态旅游景区（点）的讲解词范文。

形象准备：干净的头发、大方得体的衣着、轻便且易于行走的鞋，男士不得留胡须，女士不得化浓妆，不留长指甲。

仔细核实接待计划，根据客人的特点选择适合的讲解风格。

★ **活动二　讲解词范文赏析及讲解实训练习**

📖 **模拟范文赏析**

四川雅安碧峰峡生态旅游景区（点）讲解词

各位朋友，大家好！欢迎各位来到四川雅安碧峰峡生态旅游景区。我是讲解员小王，今天由我带领各位来参观游览碧峰峡生态旅游景区。我们的碧峰峡景区位于雅安市区北面八千米处，因林木葱茏、四季青碧而得名。碧峰峡传说是补天英雄女娲所化而成，景区内六十多个景点均与女娲有关，颇为神秘。碧峰峡景区包含黄龙峡、天仙桥、天然盆景、千层岩瀑布、白龙潭瀑布、女娲池、滴水栈道等众多景点。景区青峰对峙，景色秀雅，是我们休闲度假、避暑纳凉的绝佳之地。

每年来碧峰峡旅游度假的人是络绎不绝，而且还呈上升趋势，这是为什么呢？在小王我看来，那么多的朋友选择来碧峰峡景区旅游的理由主要包括以下几点。

第一，碧峰峡所在地雅安是国宝熊猫的故乡，也是世界茶文化的源头，还是盆地向高原过渡的生态阶梯。

第二，碧峰峡所在地雅安是第一只大熊猫发现地，先后送出活体大熊猫136只，所以雅安被誉为"熊猫首都"。

第三，碧峰峡的全年平均温度在15度左右，冬季不寒，夏季不热，是消夏避暑的好去处。

第四，碧峰峡有清新的雅雨、飘逸的雅鱼、典雅的雅女。

第五，碧峰峡森林覆盖率达95%，景区内氧气充足，且降雨丰富，温度适宜，人体舒适度优良。当然，还有很多理由我就不再细说，反正，我们的碧峰峡就是好，它随时恭候天下好耍之人前来旅游度假。

不同的季节来碧峰峡，人们可以领略到不同的风情。春天来，您将看到娇艳的山花如绚丽的锦缎铺遍山野，欢悦的鸟鸣此起彼伏，在浸透花香的春风中蜂飞蝶绕，燕舞莺啼。如果您夏天来，飘绵的雅雨将无边的酷暑轻轻漂洗，银瀑如天河高悬，蜻蜓豆娘在水面顾影翩跹与您为伴。如果您是秋天至此，那璀璨红叶如云似火，清冽涧水玉带凝烟的景色肯定会让您陶醉。您如果冬天来，山谷中云雾氤氲，变幻迷离，浩荡山风摇滴翠群峦，冷露飞珠洗无尘天地，这里将是你的养身乐园。碧峰峡这样的灵秀之地自然也会孕育清雅灵秀之人，上演千年不灭的动人故事，而故事也就化作魅力无穷的风景呈现在大家的眼前了。如果您不信，那就请您从"天衣有缝"处向上望去，那里削壁相对，天缝赫然，就包含着动人的故事。大家知道那是什么故事吗？还是我给大家讲讲吧。传说上古时候，水神与火神为争帝位恶战，水神落败，一怒之下撞垮天柱，天塌一方，导致暴雨不息，洪水泛滥。人们在灾难中痛苦地挣扎，眼看就要遭受灭顶之灾。为了拯救人类，女娲炼石补天。经过她一路辛苦地补天，天一点一点地被补上了，但在最后关头，补到雅安时，女娲却耗尽最后一点精力身死雅安。由于女娲来不及在雅安将最后的天缝补上，雨丝便从这缝中漏下，雅安几乎是终年飘洒着雨，故此得名"雨城"。

说着说着，我们经过"女娲祠""山鬼坡"走到此地，现在您看见的绿荫丛中若隐若现的翘角飞檐就是远离凡俗的"小西天"了。十多幢古色古香的亭台楼阁在扶疏花木的掩映下，犹如玉宇琼楼，纤尘不染。这里淡青色的盖瓦、木本色的扶栏，隐现于山顶飘忽来去的云烟之间，那种清绝出尘，丝毫不逊色于世外桃源。请大家抬头看看亭台楼阁上的金字大匾："易安居""则天殿""凝脂寝""红颜庵"……原来每一栋楼阁都有一个美丽的典故，纪念着一位被当地广为流传过的神女、才女、美女，或是奇女子。当地人用这种方式纪念着她们，如真有感知，这些传奇女子应该高兴了。

各位游客，经过刚才的那道弯弯的小桥，我们现在就来到了声名远扬的"雅女园"。大家请看这里，雅女园内水车缓缓旋转，流光溢彩的青铜壁画和斗妍争香的奇花异草让人流连忘返。世人都说，雅安有三雅——雅鱼，雅语和雅女。到了雅女园，你看了雅女，听了雅语，如不品雅鱼就是一种遗憾了。这种雅鱼传说是女娲补天时遗落在水中的宝剑所变。雅鱼形体修长，肉味极其鲜美，最奇特的是它的头部有一根骨刺形如宝剑，连剑柄剑托都清晰可见，所以，今天的晚餐，我尽可能为大家安排这道地方特色菜，请大家期待着吧。

好了，我对碧峰峡的介绍就全部结束了。碧峰峡景区的美食需要您亲自品尝，所以，接下来的时间就是大家自由活动的时间了，愿碧峰峡的灵山秀水能给您带来一段难忘的回忆。中午 12 点 30 分，请大家到景区大门口集合，我们前往风味餐厅品尝砂锅雅鱼炖豆腐，谢谢大家。

实例练习

一、阅读范文、释难解疑

首先，在教师指导下，阅读碧峰峡生态旅游景区（点）简介和讲解词范文，熟悉景区（点）的概况。

其次，雅安素有雅鱼宝剑送贵宾之礼俗，根据文中提到的雅鱼，找出雅安人为什么会有这样的礼俗。

最后，参照范文，根据自己的讲解特点和表达习惯，将范文做梳理与微调；选择适当的讲解技巧，将范文转化为适合自己讲解风格的解说词，完成对碧峰峡生态旅游景区（点）的讲解练习。

二、分解练习、循序渐进

首先，朗读范文，规范读音，理顺语句词汇；运用恰当的讲解方式和技巧，完成对碧峰峡生态旅游景区（点）的口头讲解初期练习。

其次，对"碧峰峡生态旅游景区（点）"范文中的地理位置、女娲文化、"熊猫首都"等，做到巧记熟记，不能出错。

再次，讲解时要求声音洪亮、吐字清楚，普通话标准流畅、语速适当。

然后，根据碧峰峡生态旅游景区（点）的特点，决定是否需要讲解器等辅助设备。

最后，分段落记忆与背诵，反复多次模拟讲解练习，逐步完成对碧峰峡生态旅游景区（点）的流畅讲解，直至达到"考核评价"的要求。

⭐ 活动三　考核评价

将学生分成若干个小组，每组六人，一人担任讲解员，其他人扮演游客，进行模拟讲解实训训练，组内成员轮流担任模拟讲解员。模拟讲解完毕后，成员填写"任务评价"表格。

【任务评价】

评价项目	自我评定	小组评定	教师评定
仪容仪表（10）			
礼节礼貌（15）			
语音语调（10）			
口头表达（20）			
体态语言（10）			
讲解内容（20）			
讲解技巧（15）			
总评（等级评定）			
等级评定：优（90分以上）　良（80～89分）　中（70～79分）　合格（60～69分）　　　　　不合格（60分以下）			

【实训心得】

_____

_____

_____

_____

任务七　四川蒲江嘉竹绿茶园生态旅游景区（点）讲解实训

⭐ 活动一　课前预习

一、生态旅游代表性景点——四川蒲江嘉竹绿茶园生态旅游景区（点）简介

嘉竹绿茶园在四川省成都市蒲江县成佳镇的茶场山间，这里茶山绵延，就像绿色的海洋。茶海尽头，马尾松把游弋的白云扯下，为天与地勾勒如梦的界线。当每日晨曦初露，露珠缀满茶树，好似星辰坠下，在此流连。茶园空气芬芳扑面，清朗得让人遗忘了时间。

茶园地处于空气质量1级、森林覆盖率48.31%的国家级生态县蒲江。这里的山，空气清新;这里的湖,水源清澈;天府之国的千里沃野在此汇聚。

这里是供应全球有机绿茶顶级品牌"蒲江雀舌"的核心产区。好山,好水,好环境在此孕育了川西名茶。

这里是嘉竹绿茶园——世上独一无二的马尾松与绿茶共生茶场,海拔800~1200米,远山薄雾、水色氤氲,恰是一方幽然净土。松与茶在此相互滋养,喜光的马尾松环抱喜阴的茶树,促进茶叶叶片中氨基酸的合成,孕育出嘉竹绿茶健康自然的纯真品质。

一方水土一方人,嘉竹绿茶园远离尘世喧嚣,造就了这里的纯真,也塑造了这里纯朴的人民。勤劳的采茶人祖祖辈辈劳作在这茶场间,寒来暑往,冬去春来。今天的嘉竹茶业引入了全新的发展模式、科学的生产和管理办法。新一代的茶农已经转化为职业化、专业化的茶业产业链工人。但是,源自天地灵气的淳朴从未离开过这片土地,因为种好茶、养好茶、采好茶早已成为人们的生活方式,深深蕴含在嘉竹人的灵魂中。

二、实训前的准备

物质准备:讲解证、导游旗、随身包、记事本、嘉竹绿茶园生态旅游景区(点)

游览图、便携式讲解器、遮阳伞（雨伞）等。

心理准备：充满自信，告诉自己一定能完成接待任务，坚定吃苦耐劳的信念，了解游客的需求，分析嘉竹绿茶园生态旅游景区（点）的哪些方面游客最感兴趣，熟悉嘉竹绿茶园生态旅游景区（点）的讲解词范文。

形象准备：干净的头发、大方得体的衣着、轻便且易于行走的鞋，男士不得留胡须，女士不得化浓妆，不留长指甲。

仔细核实接待计划，根据客人的特点选择适合的讲解风格。

★ 活动二　讲解词范文赏析及讲解实训练习

📖 模拟范文赏析

嘉竹绿茶园生态旅游景区（点）讲解词

亲爱的各位游客，大家好！欢迎来到蒲江嘉竹绿茶园。

蒲江，川西平原一颗璀璨的明珠，是三千年古盐井所在地，也是宋代理学家魏了翁先生和抗日名将李加钰的故乡。这里历史悠久、人杰地灵、山青水绿，是国家级生态建设示范区，享有"绿色蒲江、天然氧吧"之美誉，是国家级风景旅游区。

今天我们参观的嘉竹绿茶园"同心村茶园"基地，是四川嘉竹茶业有限公司建立的两万亩标准化茶园基地的核心示范区，也是我们蒲江县生态茶园的观光区，同时还是蒲江县"人生如茶"廉政文化教育示范基地。

这里大家所看到的"同心亭"是以村名命名的，同时这同心亭也包含着希望茶农、企业、政府三方同心协力，共同将蒲江茶业做大做强的含义。同心亭这里有副对联——"蜀山茶称圣，蒲江味独珍"，这副对联主要是赞誉蒲江茶叶的高品质。大家有兴趣的，可以在此拍照留念。

　　各位请随我走进茶园。俗话说"高山云雾出好茶"，一般的高山就是指海拔800～1200米的山。我们这里的山平均海拔有800米，常年的降雨量达到1200毫米，雨水充沛。全年云雾缭绕的天气达到300天，空气质量1级，非常适宜种茶。大家看到的这一片区域就是全球有机绿茶顶级品牌"蒲江雀舌"的核心产区。所以说，好山、好水、好环境，才孕育出了蒲江川西名茶。

　　请大家猜猜，茶园当中的一块一块的黄板是干什么用的呢？有谁知道吗？有朋友说是防风的，有朋友说是挡太阳的，还有朋友说是防雾的。好了，大家讲了这么多，但都不是我要的答案。其实这个黄板的来头不小，它就是嘉竹绿茶园的一个特别生态防虫设备，俗称"黄板"，是物理防虫非常实用的一种方法。我们都知道，春天如果穿黄色的衣服很容易招虫，这是一样的道理，黄板就是利用害虫的趋黄性，把茶芽虫、黑刺粉虱等害虫粘住，让害虫高高兴兴地自杀。

　　另外，我还要给大家分享嘉竹生态茶园的另一个特别之处。大家再往远处茶园看看，有没有发现我们的嘉竹茶园和其他的茶园不一样呢？对，有朋友发现了，我们的茶树与松树在一起，这是为什么呢？其实，这里就是世上独一无二的马尾松与绿茶共生茶场。嘉竹茶园海拔800～1200米，远山薄雾、水色氤氲，恰是一方幽然净土。马尾松与茶树在此相互滋养，喜光的马尾松环抱喜阴的茶树，促进了茶叶叶片中氨基酸的合成，孕育出嘉竹绿茶健康自然的纯真品质。一方水土养一方人，嘉竹茶园远离尘世喧嚣，造就了这里的纯真，也塑造了这里纯朴的人民。勤劳的采茶人祖祖辈辈劳作在这茶场间，寒来暑往，冬去春来。今天的嘉竹茶业引入了全新的发展模式、科学的生产和管理办法。新一代的茶农已经转化为职业化、专业化的茶业产业链工人。但是，源自天地灵气的淳朴从未离开过这片土地。在当地，"种好茶、养好茶、采好茶"早已成为人们的生活方式，深深蕴含在嘉竹茶人的灵魂中。

另外，嘉竹绿茶园苛刻的采摘标准成就了嘉竹绿茶的特有价值。2009 年，嘉竹绿茶园以其优异的品质取得国家地理标志保护产品"蒲江雀舌"的使用权，先后生产了一系列包括"318 雀舌""春分雀舌""明前雀舌"及"玉芽"等明星品牌在内的高端明前绿茶。其中，"318 雀舌"先后荣获诸多国际国内名优茶评比金奖，并于2010 年 3 月作为"2010 中国绿色公司年会"成都市政府特色礼品赠给莅临参会的中外嘉宾。同年 8 月，"嘉竹"茶叶品牌作为唯一获邀参展上海世博会"四川周"的茶叶品牌在上海与世人见面。2011 年 3 月，"嘉竹"在中国茶业品牌巅峰论坛大会上荣获了"最具经营力品牌"的荣誉。

嘉竹绿茶园始终坚持维护生态茶山，爱护生态茶山的理念，坚持生态可持续发展战略，建设美好的生态环境，提供安全、绿色、有机的生态好茶，做良心茶、放心茶。这也是为什么嘉竹绿茶深受人们喜爱的原因吧。

大家想不想亲自体验一下采茶的乐趣呢？首先请大家把手洗干净，系上竹篓，戴上斗笠随我一起来采茶吧……我们今天要采的茶是要制作蒲江雀舌的单芽，要采用提手采的方式采摘，不能用手掐，否则会伤害到芽根，影响汤色和叶底。芽头采下后要及时放入竹篓，否则人体的温度会促使手中茶叶的芽头发酵红变，影响质量。各位亲，45000 个芽头才能做成一斤干茶哦，可谓"粒粒皆辛苦"。

好了，接下来让我们了解一下勤劳的嘉竹茶人是如何把这绿芽嫩叶变成巧夺天工的艺术品的！

绿茶的加工方法可以简单地描述为杀青、揉捻和干燥三个步骤，其中关键在于初制的第一道工序，即杀青。通过杀青，鲜叶中酶的活性钝化，内含的各种化学成分基本上是在没有酶的影响条件下，由热力作用进行物理化学变化，从而形成了绿茶的品质特征。

第二个步骤——揉捻，这是塑造绿茶外形的一道工序。利用外力作用，使叶片揉破变轻，卷转成条，体积缩小，且便于冲泡。同时，部分茶汁挤溢附着在叶片表面，对提高茶滋味浓度也有重要作用。嫩叶宜冷揉以保持黄绿明亮之汤色于嫩绿的叶底，老叶宜热揉以利于条索紧结，减少碎末。目前，除部分名茶手工操作外，大部分绿茶的揉捻作业已实现机械化。

了解了绿茶加工的主要步骤，大家想不想自己动手体验一下手工加工绿茶呢？我带各位到制茶体验区感受一下用自己亲手采摘的芽叶来制作手工茶吧！大家可以把用自己采摘的鲜叶制作的茶叶带回家和亲朋好友一起分享劳动的喜悦，感恩我们的家人，把春天的感觉带回家。

好的，有了亲身体验之后，我们对茶叶有了更深的了解。接下来，我要带大家参观的就是嘉竹绿茶园的成品展示区。展区内不仅有包括嘉竹"318雀舌""嘉竹一号""蒲江红"等各类嘉竹好茶，而且还有嘉竹茶业集团与成都市财贸职高旅游烹饪专业，以嘉竹茶叶为原材料，联合研发的多款茶点。各种规格、各种价位的产品都有，各位可以随意选购一点带回家慢慢品饮。大家选好后请随我前往餐厅用午餐。中午的午餐，我安排的是品嘉竹茶园生态茶宴，祝大家用餐愉快。

📖 实例练习

一、阅读范文、释难解疑

首先，在教师指导下，阅读嘉竹绿茶园生态旅游景区（点）简介和讲解词范文，熟悉景区（点）的概况。

其次，四川人天生爱喝茶，爱品茶，天生就有泡茶馆的习俗，找出四川人独特的茶之礼。

最后，参照范文，根据自己的讲解特点和表达习惯，将范文做梳理与微调；选择适当的讲解技巧，将范文转化为适合自己讲解风格的解说词，完成对嘉竹绿茶园生态旅游景区（点）的讲解练习。

二、分解练习、循序渐进

首先，朗读范文，规范读音，理顺语句词汇；运用恰当的讲解方式和技巧，完成对嘉竹绿茶园生态旅游景区（点）的口头讲解初期练习。

其次，对"嘉竹绿茶园生态旅游景区（点）"范文中的地理位置、气候条件、土壤对茶叶的影响及绿茶加工工序等，做到巧记熟记，不能出错。

再次，讲解时要求声音洪亮、吐字清楚，普通话标准流畅、语速适当。

然后，根据嘉竹绿茶园生态旅游景区（点）的特点，决定是否需要讲解器等辅助设备。

最后，分段落记忆与背诵，反复多次模拟讲解练习，逐步完成对嘉竹绿茶园生态旅游景区（点）的流畅讲解，直至达到"考核评价"的要求。

★活动三　考核评价

将学生分成若干个小组，每组六人，一人担任讲解员，其他人扮演游客，进行模拟讲解实训训练，组内成员轮流担任模拟讲解员。模拟讲解完毕后，成员填写"任务评价"表格。

【任务评价】

评价项目	自我评定	小组评定	教师评定
仪容仪表（10）			
礼节礼貌（15）			
语音语调（10）			
口头表达（20）			
体态语言（10）			
讲解内容（20）			
讲解技巧（15）			
总评（等级评定）			
等级评定：优（90分以上）　良（80～89分）　中（70～79分）　合格（60～69分）　不合格（60分以下）			

【实训心得】

_____

_____

_____

_____

模块三 宗教旅游景区（点）讲解员实训

模块目标

知识目标

★ 了解四大宗教代表性景区（点）的概况
★ 掌握四大宗教代表性景区（点）的基本特征和讲解技巧

能力目标

★ 能规范、正确地运用宗教知识进行讲解
★ 能正确地运用讲解技巧进行宗教景区（点）的讲解
★ 能在讲解服务中预防和熟练处理各种突发事件

情感目标

★ 培养学生正确的宗教文化观念及热爱家乡的意识
★ 培养学生使用规范、正确的宗教知识介绍宗教文化和宗教政策

模块描述

未完成的朝拜

七月初的周日，杭州某旅行社地陪小李接了个旅游团。该团刚从机场出口处出来，即引得众人纷纷注意，原因是他们每人胸前都挂着一个济公像，看着像是清一色的济公信徒。该团来杭州的目的是探寻南宋僧人济公的遗迹，主要游览点是与济公有关的飞来峰、灵隐寺、净慈寺、虎跑泉等地。游客上车后，就直奔济公生前的出家地——灵隐寺，并打算在该寺举行一个多小时的朝拜济公仪式。可到了灵隐寺，当领队和小李为此事和寺庙有关负责人商量时，却遭到拒绝。原因是寺庙事先没有接到有关方面的通知，再加上灵隐寺游客很多，这样会影响寺庙的正常秩序。随团负责人和小李好说歹说，最后只是被允许把济公像摆上大雄宝殿释迦牟尼须弥座供香客朝拜。由

于在旅游团计划上没有这方面的特殊要求，又因为是周日，地陪小李也无法将实情及时上报领导，所以直到周一游客离开杭州，他们的朝拜仪式仍没能如愿，这批游客都郁闷地扫兴而归。案例中，你认为这批游客不能如愿举行济公朝拜的原因是什么？如果你是地陪小李，你将如何做？

未完成的朝拜的原因分析

举行宗教仪式只要不干涉人们的正常生活、影响社会秩序都是许可的。小李所带的旅游团，因人数较多，举行仪式时间较长（预计要花一个小时），而灵隐寺场地也不太宽敞，又因刚好是周日，游客如云（据统计，灵隐寺旅游旺季每天的游客都在两万以上），所以寺庙有关方面为了维护寺庙秩序没有同意举行仪式。当然，如果该团的组团社能事先同地接旅行社通报情况，并请求地接社事先与灵隐寺管理部门接洽、协商，相信及时举行一些适当的仪式是有可能的。

本案例中，导致这批游客没能在灵隐寺如愿举行济公朝拜仪式的原因有两点：第一，计划接待书上没有提及该旅游团的这一特殊要求，是组团社的失误。第二，地陪小李在知道该团此行的主要目的是做宗教朝拜后，没有采取相应的措施及时沟通与协调。

本案例中，当小李知道游客此行的主要目的后，应做以下三方面的工作：

第一，向游客宣传我国的宗教政策，并巧妙解释不能如愿的原因。

第二，代表游客真诚地与灵隐寺管理人员商量，如建议将仪式改在游客较少时或下午 16：30 以后举行，希望能得到管理方的支持。

第三，如果以上两点都行不通的话，小李应建议游客做一下变通，改在与济公关系密切的青林洞、虎跑泉等地举行仪式，希望得到游客的理解。

宗教简述

不管是在晨钟暮鼓的佛教寺庙，或"山不在高，有仙则名"的道教名山，还是曲径通幽的基督教胜地，抑或是浩瀚星空下的伊斯兰教寺庙，我们总能见到很多游客前来焚香、拜谒、祈祷等。现在，我们来简单了解一下在我国常见的四大宗教。

首先，我们来说说佛教。佛教起源于公元前 6 世纪至 5 世纪，为古印度迦毗罗卫国（今尼泊尔境内）净饭王子乔达摩·悉达多所创立。佛教传入我国后，被分为汉传佛教、南传佛教及藏传佛教。一般我们在进入汉传佛教旅游景区（点）时应注意：左右两侧而入，不可行走正中央，以示尊敬；在佛堂内不能任意穿梭游走，更不可大声喧哗，亦不可高声言笑；在佛殿内不得支脚、倚壁、靠桌、托颚叉腰站立，更不可笠杖倚壁而立或涕唾污秽等。另外，当你有机会带团去往藏族地区或者南传佛教盛行地，如西双版纳地区时，一定要告诫你的游客，尊重当地的风俗习惯以及藏传佛教和南传佛教旅游景区（点）的规定，做文明游客。

其次，我们来说说道教。道教作为中国的本土宗教，起源于东汉末年的四川大邑县鹤鸣山，距今已经有近两千年的历史了。道教名山及名寺往往都与动人的传说紧密结合，这吸引着众多游客纷纷去道教名寺、名山、名观参观游览、祈福。

再次，我们来说说伊斯兰教。伊斯兰教发源于西亚，9世纪左右传入中国。伊斯兰教注重人际交往，十分重视礼仪，见到尊长，应起立敬礼；同辈相见，行握手礼；十分亲密的友人相见，行拥抱吻礼。见面互相敬礼的同时，还互相用祝词祝福对方。上门拜访，一定要征得主人家同意，方可入门。子女在晨礼前、午时脱下衣装后、宵礼后，要进入长辈卧室，必须先征得长辈同意。穆斯林握手、端饭、敬茶均用右手，用左手被视为不礼貌。

最后，我们来说说基督教。基督教是西方世界非常重要的宗教，在我国经历了三落三起后，也有着不小的信众。其所修建的基督教堂也被当下的年轻人视作浪漫的象征。

模块任务

本模块主要针对"宗教旅游景区（点）"的讲解员讲解实训练习，力求使学生通过对本模块的学习，完成以下任务。

任务一：能掌握宗教的基础知识，并完成【任务评价】和【学习心得】的填写。

任务二：能参照浙江普陀山佛教旅游景区（点）的模拟讲解词范文，完成对浙江普陀山佛教旅游景区（点）的讲解，并完成【任务评价】和【实训心得】的填写。

任务三：能参照四川新都宝光寺佛教旅游景区（点）的模拟讲解词范文，完成对四川新都宝光寺佛教旅游景区（点）的讲解，并完成【任务评价】和【实训心得】的填写。

任务四：能参照四川甘孜理塘寺佛教旅游景区（点）的模拟讲解词范文，完成对四川甘孜理塘寺佛教旅游景区（点）的讲解，并完成【任务评价】和【实训心得】的填写。

任务五：能参照湖北武当山道教旅游景区（点）的模拟讲解词范文，完成对湖北武当山道教旅游景区（点）的讲解，并完成【任务评价】和【实训心得】的填写。

任务六：能参照四川大邑鹤鸣山道教旅游景区（点）的模拟讲解词范文，完成对四川大邑鹤鸣山道教旅游景区（点）的讲解，并完成【任务评价】和【实训心得】的填写。

任务七：能参照四川成都青羊宫道教旅游景区（点）的模拟讲解词范文，完成对四川成都青羊宫道教旅游景区（点）的讲解，并完成【任务评价】和【实训心得】的填写。

任务八：能参照西安化觉巷清真寺伊斯兰教旅游景区（点）的模拟讲解词范文，完成对西安化觉巷清真寺伊斯兰教旅游景区（点）的讲解，并完成【任务评价】和【实训心得】的填写。

任务九：能参照四川阆中巴巴寺伊斯兰教旅游景区（点）的模拟讲解词范文，完成对四川阆中巴巴寺伊斯兰教旅游景区（点）的讲解，并完成【任务评价】和【实训心得】的填写。

任务十：能参照哈尔滨圣索菲亚大教堂基督教旅游景区（点）的模拟讲解词范文，完成对哈尔滨圣索菲亚大教堂基督教旅游景区（点）的讲解，并完成【任务评价】和【实训心得】的填写。

任务十一：能参照四川成都平安桥天主教堂基督教旅游景区（点）的模拟讲解词范文，完成对四川成都平安桥天主教堂基督教旅游景区（点）的讲解，并完成【任务评价】和【实训心得】的填写。

任务一　宗教的基础知识

★ 活动一　课前预习

1. 学生通过报纸、杂志、网络等途径收集关于自己家乡或自己熟知的宗教旅游景区（点）的相关资料。

2. 学生通过筛选材料，尝试独立完成一篇讲解词。

3. 想一想：作为景区（点）讲解员，在讲解此类宗教旅游景区（点）时可以从哪些方面切入？

★ 活动二　知识学习

一、宗教的产生

宗教的"宗"字意为"祖先"，"教"字意为"教化"，合起来就是"祖宗之教化"的含义。宗教是人类社会发展到一定历史阶段出现的一种文化现象，属于社会意识形态。在漫长的历史过程中，人类的宗教观念不断演化，一般经历了自然崇拜、图腾崇拜、祖先崇拜、鬼神崇拜的阶段，逐渐形成了有一定体系的原始宗教，进而发展为成熟的宗教。

《中华人民共和国宪法》规定："中华人民共和国公民有宗教信仰自由。""任何国家机关、社会团体和个人不得强制公民信仰宗教或者不信仰宗教，不得歧视信仰宗教的公民和不信仰宗教的公民。""国家保护正常的宗教活动。"同时也规定："任何人不得利用宗教进行破坏社会秩序、损害公民身体健康、妨碍国家教育制度的活动。""宗教团体和宗教事务不受外国势力的支配。"

当今世界上影响最大的宗教是佛教、基督教、伊斯兰教，合称世界三大宗教。

在中国，信众最多的宗教是道教，与佛教、基督教、伊斯兰教合称中国四大宗教。

二、四大宗教基本概况

（一）佛教基本概况

佛教起源于公元前6世纪至公元前5世纪，由古印度迦毗罗卫国（今尼泊尔境内）净饭王子悉达多·乔达摩所创立。后来，信徒们尊称他为"释迦牟尼"（意即"释迦族的圣人"），简称佛陀（觉者）。释迦牟尼生活的时代大约相当于中国的春秋时期。

佛教从公元前3世纪开始向外传播，传播的路线主要有三条：北传路线自印度北上，先传入中国，再传入朝鲜、日本、越南等国，以大乘佛教为主；南传路线从印度传入斯里兰卡，再传入缅甸、泰国、柬埔寨等国及中国傣族地区，基本上属于小乘佛教；第三条路线是从印度和中国内地传入西藏，并与地方本教相融合，形成了具有地方特色的藏传佛教，俗称"喇嘛教"。

我国著名的佛教古迹有四大石窟，著名的寺庙有河南洛阳白马寺、杭州灵隐寺、天津独乐寺、青海塔尔寺、西藏日喀则扎什伦布寺。此外，北京雍和宫、卧佛寺、苏州寒山寺、镇江金山寺、上海玉佛寺、甘肃拉卜楞寺、河南嵩山少林寺、西安大慈恩寺、江苏南京栖霞寺，以及西藏甘丹寺、哲蚌寺、色拉寺、大昭寺等也是我国著名的寺庙。

（二）道教基本概况

道教是中国的本土宗教。我们一般把东汉后期张陵在四川创立的五斗米道和张角在河北创立的太平道看作是早期道教。道教是在承袭了我国古代所崇拜的神仙体系、巫术、求仙方术，并吸收了阴阳五行、道家、儒家等思想后逐渐演变而成的。道教尊老子为教主，将《老子》一书改名《道德真经》，并加以宗教性的神化，奉为主要经典。道教在发展过程中，因道法或师承不同而分为不同道派，在我国目前有全真道和正一道两大主要派别。

道教是多神教，崇拜的对象是一个庞大的神仙群体，包括"三清""四御""三官"四方之神""民间神祇"。

道教的标志是八卦太极图。道教以神、仙及各派祖师的生日为节日。因宗派不同，节日众多，主要有三清节、三元节、王母娘娘诞辰、玉皇圣诞、王重阳祖师圣诞等。

我国著名的道教景观有北京白云观、江西龙虎山、广东佛山祖庙、青岛崂山太清宫、成都青羊宫、泰山碧霞祠等。

（三）基督教基本概况

基督教是指奉耶稣基督为救世主，以《圣经》为经典的各教派的统称。基督教大约产生于公元1世纪。在公元11世纪以后的500余年里，它经历了两次大分裂，形成了天主教、东正教和基督新教三大派别。目前，全世界约有基督教（包括三大派）教徒16亿人。

基督教曾于公元7世纪传入中国，当时译为"景教"。在后来的历史变革中，基督教各派在我国逐渐传播开来，影响日渐扩大。基督教的信仰标志是十字架。基督教的主要节日有圣诞节和复活节等。

我国著名的基督教教堂有北京南堂、上海徐家汇天主堂、哈尔滨圣索菲亚大教堂。此外，广州圣心大教堂、北京西什库教堂、上海佘山圣母堂等也是我国有名的教堂。

（四）伊斯兰教基本概况

伊斯兰教创立于公元7世纪初，创始人是阿拉伯半岛麦加城的商人穆罕默德。

伊斯兰教的基本教义归结为"六大信仰"，即信安拉、信天使、信使者、信经典（《古兰经》）、信后世、信前定。伊斯兰教的基本宗教职责是"五善功"。

伊斯兰教是公元7世纪传入我国的，在中国称回教、清真教、天方教等。

我国著名的伊斯兰教清真寺有广州怀圣寺、福建泉州清净寺、杭州真教寺、西安化觉寺、北京牛街清真寺等。此外，新疆艾提尕尔清真寺、青海西宁东关清真寺、宁夏同心清真大寺也是我国有名的清真寺。

★ **活动三　考核评价**

【大讨论】

1. 佛教是如何传入中国的？

2. 道教与四川有何渊源？

3. 基督教的三大教派及其主要教义是什么？

4. 伊斯兰教的信仰和教义是什么？我国伊斯兰教主要分布的区域有哪些？

【任务评价】

评价项目	自我评定	小组评定	教师评定
阐述佛教基本概况（30）			
阐述道教基本概况（30）			
阐述基督教基本概况（20）			
阐述伊斯兰教基本概况（20）			
总评（等级评定）			
等级评定：优（90分以上） 良（80～89分） 中（70～79分） 合格（60～69分） 　　　　不合格（60分以下）			

【学习心得】

_____

_____

_____

_____

任务二 浙江普陀山佛教旅游景区（点）讲解实训

⭐ 活动一 课前预习

一、佛教代表性旅游景点——浙江普陀山佛教旅游景区（点）简介

普陀山，与山西五台山、四川峨眉山、安徽九华山并称为中国佛教四大名山，是观世音菩萨教化众生的道场。普陀山是舟山群岛 1390 个岛屿中的一个小岛，形似苍龙卧海，面积近 13 平方千米，与舟山群岛的沈家门隔海相望，素有"海天佛国""南海圣境"之称，是首批国家重点风景名胜区。2007 年 5 月 8 日，舟山市普陀山风景名胜区经国家旅游局正式批准为国家 5A 级旅游风景区。"海上有仙山，山在虚无缥缈间"，普陀山以其神奇、神圣、神秘，成为驰誉中外的旅游胜地。

二、实训前的准备

物质准备：讲解证、导游旗、随身包、记事本、浙江普陀山佛教景区（点）游览图、便携式讲解器、遮阳伞（雨伞）等。

心理准备：充满自信，告诉自己一定能完成接待任务，坚定吃苦耐劳的信念，了解游客的需求，分析浙江普陀山佛教景区（点）的哪些方面游客最感兴趣，熟悉浙江普陀山佛教景区（点）的讲解词范文。

形象准备:干净的头发、大方得体的衣着、轻便且易于行走的鞋,男士不得留胡须,女士不得化浓妆,不留长指甲。

仔细核实接待计划,根据客人的特点选择适合的讲解风格。

★ 活动二　讲解词范文赏析及讲解实训练习

📖 模拟范文赏析

浙江普陀山佛教旅游景区(点)讲解词

各位游客,大家好!请跟随小张继续到我们普陀山旅游景区的下一个景点普济禅寺。普济禅寺前身名为"不肯去观音院",创建于唐代咸通年间。1080年,宋神宗将其改名为"宝陀观音寺",专门供奉观音菩萨,从此香火开始旺盛。到南宋嘉定年间,皇上御赐了"圆通宝殿"的匾额,指定普陀山为专供观音的道场。再后来明代初年,朱元璋实行海禁毁寺,直到明万历三十三年,也就是1605年,朝廷才拨款重建,并赐额敕建"护国永寿普陀禅寺",使普济寺成为当时江南规模最大的寺院。清康熙年间,普济禅寺遭荷兰殖民侵略者践踏,寺院被劫掠一空。1689年海疆平息后,康熙下旨重新修缮,扩大规模,到雍正九年,也就是公元1731年,基本完成。现在的大部分建筑都是在那期间完成的。抗日战争后,寺院萧条败落。"文化大革命"期间殿宇、佛像受到破坏,几乎所有的僧侣都被遣散了。1979年国家开始全面修复原貌,重筑了毗卢观音等佛像和楼阁,形成了现在的规模。

好了,各位游客,刚才咱们一路走来,游览了山门、御碑殿、钟鼓楼、天王殿,现在我们已经来到了普济禅寺中供奉观音菩萨的主殿——大圆通殿。这殿堂,面宽七间进六间,宏大巍峨,可容纳几千人,有"百人共进不觉宽,千人共登不觉挤"的说法,于是也被称为"活大殿"。走进大殿,我们可以看到正中供奉的一座毗卢观音像,高约九米,头戴毗卢天冠。请大家注意看,在天冠上有阿弥陀佛像,佛像眉慈目善,慈祥含笑,身边还站立着善财和龙女,神态天真活泼,栩栩如生。

大家熟知的观音菩萨在民间有很多传说,他有很多信众。据佛经记载,凡世上的众生遇到危难时,只要念诵其名号,菩萨就能听到,并前往拯救解脱,所以叫作"观世音"。但到唐代的时候,因避讳皇帝唐太宗李世民的"世"字,就去掉中间的"世"字,简称"观音菩萨",沿用至今。大多数老百姓可能不知道佛教的创始人释迦牟尼佛,但却很少有人不知道观音菩萨。观音实际上已成为民间佛教乃至整个民间宗教信仰的核心人物。我们眼前的这座观音殿为什么叫作"圆通殿"呢?其实啊,正是因为观音听到苦难的呼救声,为了便于眼观,必须能六根通,即眼、耳、鼻、舌、身、意六根通。六为顺，就是一个圆圈的 360° 都能收到消息，于是"圆通"便成为观音的代名词，其意是"不偏倚，无阻碍"，圆满通达。

接下来，请大家一起环顾四周，我们能清楚地看到，毗卢观音两旁还各塑有 16 尊不同服饰和形态的观音菩萨，称为"观音三十二应身"，这些都是观音以不同身份教化世人的现身说法形象。三十二应身观音只能以整体形式供奉，不能单独出现，加上中间供奉的观音佛身，这种塑法也正是观音道场的独特之处。

现在请随我继续往前面走，我们现在已经出了主殿。在我右手边的是东配殿，供奉文殊菩萨，左手边的是西配殿，供奉普贤菩萨，另外，在法堂中还建有地藏殿，供奉着地藏菩萨。我们不得不佩服设计者的精妙，因为，他成功地将佛界最有名的四个"大腕"聚在了一起。有人说是"四大班子碰头"，不管怎样，这都说明了普陀山的重要性，很值得大家来参观、朝拜。好了，我的讲解暂时告一段落，现在给大家 20 分钟的时间自行参观。大家可以去拜拜观音、祈祈福。只要你虔诚，观音菩萨一定会保佑你的。大家赶快去试试吧，很灵验的哦。祝大家玩得愉快！

实训练习

一、阅读范文、释难解疑

首先，在教师指导下，阅读浙江普陀山佛教旅游景区（点）简介和讲解词范文，熟悉景区（点）概况，并找出讲解词范文中类似"赐额敕建"的"敕"等诸多生僻字，全部找出后，标注读音，反复练习。

其次，将范文中的"六根通，即眼、耳、鼻、舌、身、意六根通"等语句摘录阅读，并解释其在佛教中的具体含义。

最后，参照范文，根据自己的讲解特点和表达习惯，将范文做梳理与微调；选择适当的讲解技巧，将范文转化为适合自己讲解风格的解说词，完成对浙江普陀山佛教旅游景区（点）的讲解练习。

二、分解练习、循序渐进

首先，朗读范文，规范读音，理顺语句词汇；运用恰当的讲解方式和技巧，完成对浙江普陀山佛教旅游景区（点）的口头讲解初期练习。

其次，对浙江普陀山佛教旅游景区（点）范文中的地理位置、佛教主要经典等，做到巧记熟记，不能出错。

再次，讲解时要求声音洪亮、吐字清楚，普通话标准流畅、语速适当。

然后，根据浙江普陀山佛教旅游景区（点）的特点，决定是否需要讲解器等辅助设备。

最后，分段落记忆与背诵，反复多次模拟讲解练习，逐步完成对浙江普陀山佛教旅游景区（点）的流畅讲解，直至达到"考核评价"的要求。

★ 活动三　考核评价

将学生分成若干个小组，每组六人，一人担任讲解员，其他人扮演游客，进行模拟讲解实训训练，组内成员轮流担任模拟讲解员。模拟讲解完毕后，成员填写"任务评价"表格。

【任务评价】

评价项目	自我评定	小组评定	教师评定
仪容仪表（10）			
礼节礼貌（15）			
语音语调（10）			
口头表达（20）			
体态语言（10）			
讲解内容（20）			
讲解技巧（15）			
总评（等级评定）			
等级评定：优（90分以上）　良（80～89分）　中（70～79分）　合格（60～69分）　不合格（60分以下）			

【实训心得】

_____

_____

_____

_____

任务三　四川新都宝光寺佛教旅游景区（点）讲解实训

★活动一　课前预习

一、佛教代表性旅游景点——四川新都宝光寺佛教旅游景区（点）简介

宝光寺位于成都市北郊 18 千米处的新都县城。宝光寺占地面积 120 多亩，建筑面积 2 万余平方米，殿宇深幽，古木葱茏，五殿十六院层层递进。它规模宏大，藏经丰富，僧徒众多，是清朝以来中国南方"四大佛教丛林"之一，是四川著名禅寺。

宝光寺相传始建于东汉，隋代名"大石寺"。寺中的塔叫"福感塔"。公元 880 年，唐代黄巢起义军攻破了长安。次年，唐僖宗逃到四川，在寺内修建行宫，并命悟达国师重修庙宇。唐僖宗晚上看见寺中福感塔下发出宝光，便改寺名为"宝光寺"。

宝光寺的建筑为木石结构，施用石柱 400 多根，主要由一塔、五殿、十六院组成，四面经墙环护，绿树萦绕。中轴线上，福字照壁、山门殿、天王殿、舍利塔、七佛殿、藏经楼、紫霞山依次而立；两旁有钟楼、鼓楼、客堂、云水堂、斋堂、戒堂、罗汉堂、禅堂。东方丈、西方丈相对称，展现了中国佛教禅院的整体风貌。宝光寺是中国唯一保存了早期佛寺"寺塔一体、塔踞中心"的典型布局的寺庙。

二、实训前的准备

物质准备：讲解证、导游旗、随身包、记事本、四川新都宝光寺佛教旅游景区（点）游览图、便携式讲解器、遮阳伞（雨伞）等。

心理准备：充满自信，告诉自己一定能完成接待任务，坚定吃苦耐劳的信念，了解游客的需求，分析四川新都宝光寺佛教旅游景区（点）的哪些方面游客最感兴趣，熟悉四川新都宝光寺佛教旅游景区（点）的讲解词范文。

形象准备：干净的头发、大方得体的衣着、轻便且易于行走的鞋，男士不得留胡须，女士不得化浓妆，不留长指甲。

仔细核实接待计划，根据客人的特点选择适合的讲解风格。

★活动二　讲解词范文赏析及讲解实训练习

📖模拟范文赏析

四川新都宝光寺佛教旅游景区（点）讲解词

朋友们，大家好，欢迎大家来到都市中的禅宗丛林——宝光寺参观游览。我是宝光寺的讲解员小张。大家能在这个炎热的七月来到宝光寺，一定是被禅宗丛林——宝光寺的美所吸引吧。的确，宝光寺历史悠久、规模宏大、结构完整，是环境清幽的佛教圣地之一。正所谓耳闻不如目见，就让我们一起去领略一下禅宗丛林——宝光寺的美吧。

大家一定都希望自己与家人福星高照吧，那就千万不要错过眼前的福字照壁了。大家眼前所见就是宝光寺的福字照壁，在照壁的两旁有"福田广种，寿域同登"的四字对联。"福田"二字怎么讲呢？信众认为，佛门是我们广种福田的地方，这是从因果上讲的，种瓜得瓜，种豆得豆。"寿域"指太平盛世。全联的意思是劝化人们认因名果，广种福田增福德，和谐社会太平世。照壁背面正中嵌有一个二尺见方的红色"福"字，福字照壁由此而得名。据说，人们在离照壁几丈远的山门口，闭着眼睛，伸出手掌，跨步前行，若能摸着"福"字，便有福气；若能摸着"福"字右下方的"田"字，更有运气，因为田能生长出棉麻稻麦，能使人丰衣足食。有兴趣的游客还可以去摸一摸，说不定真会被福光普照哦。

好了，各位游客，刚才咱们摸过了福字，游览了山门殿和天王殿，现在伫立在我们眼前的是有"东方比萨斜塔"之称的舍利塔。宝光寺是全国重点文物保护单位，舍利塔则是宝光寺的标志性建筑。它始建于唐僖宗时，距今有千余年历史。它位于该寺天王殿与七佛殿之间，现存为方形密檐式13级，高约30米，每级四面各嵌佛像3座。全塔共有铜、石、玉雕造的佛像140尊，塔底护以石质材料，底层正面龛内塑有释迦牟尼座像。每级翘悬铜质风铃4个，舍利子13粒。

相传唐僖宗曾为了躲避黄巢起义而逃到剑南，来到新都，住进了宝光寺。一天夜里，他久久不能入睡，看见地下放出祥光，于是命随从掘地三尺，竟然挖出了13颗舍利子，因此改寺名为"宝光寺"，命名此塔为"无垢净观舍利塔"。大家仔细看塔身便会发现，从第七层开始，塔微微向西倾斜。宝光寺的建筑保留了我国早期寺庙建筑中"寺塔一体，塔居中心"的典型布局，体现了宝光寺作为长江上游四大古刹之一的重要地位。

和其他大多数汉地寺庙一样，宝光寺所有的主体建筑都分布在一条中轴线上。宝光寺的最后一重殿就是大雄宝殿！如果说心脏对人的重要性不言而喻，那么，大雄宝殿对一座古寺的重要性也显而易见。我们现在就来到了宝光寺的核心——大雄宝殿。大雄宝殿高5丈（一丈≈3.33米），面积700平方米。全殿用42根石柱支撑，雄伟庄严。殿中供奉释迦牟尼佛。位于最中间的这副对联很有名——世外人法无定法，然后知非法法也；天下事了犹未了，何妨以不了了之。意思是告诉我们：人只是万物中的一员，要心怀友善，上善若水。

现在我们所处的位置是在藏经楼。藏经楼由清道光年间妙胜和尚修建，是全寺最大的一座建筑，高17米，宽40米，深18米，全由石柱支撑，为该寺杰出建筑之一。上为藏经楼，贮有敦煌藏经四十三册，房山石经二十二册，北藏经和频伽藏经各一部，共七百二十八函，七千二百八十卷。殿中供千手观世音菩萨像，四壁有诸天画像，画工精细，充分体现了清代的艺术风格。藏经楼楼下为说法堂，乃历代方丈说法处。此外，这里还藏有贝叶经，贝叶经与优昙花、舍利子并称为"宝光三宝"。由此可见，咱们宝光寺是一个文物丰富的佛教圣地。

信众来到宝光寺最爱做的一件事就是数罗汉了。各位朋友，别急，我们现在正走在通往罗汉堂的路上。宝光寺的罗汉堂共有577尊罗汉，建于清咸丰元年（1851年），内塑佛、菩萨、祖师59尊，罗汉518尊。每尊高约2米，造型优美，彩绘贴金，千姿百态，妙趣横生。宝光寺的罗汉堂是中国现存四大罗汉堂中历史最久、规模最大的泥塑罗汉堂。另三处在北京碧器寺、苏州西园寺、武汉归元寺。宝光寺的罗汉堂以塑像奇巧多姿而扬名天下，每天都有许多中外游人和佛教教徒到罗汉堂参观、朝拜、探寻佳趣。

好了，朋友们，罗汉堂到了，让我们一起进去看看吧。有人说，宝光寺的罗汉是数不清的。有谁知道这是为什么吗？还是我来告诉大家吧。现在请大家过来，你们看，整个罗汉堂的建筑结构奇特，塑像纵横交错，道路四通八达，宛若一座迷宫。前来数罗汉的人往往会被这千奇百怪的塑像所吸引，边数边看，数来数去，结果总不一样。其实，要数清楚也是可以的，我们必须知道它的建筑结构，专心数，一定能数清楚的。

罗汉堂内到底有多少塑像？一般人都说是五百尊。但是，当以三身佛左侧的"第一阿若桥陈如尊者"，也就是我现在手指的这尊开始数起，由外层到内层，一直数到"第五百愿事众尊者"后，还剩下居于"十"字上的三佛、六菩萨、十八罗汉、五十祖师。故塑像共计五百七十七尊。不信的朋友可以数数看。

好了，我的讲解暂时告一段落，剩下的时间大家可以自由参观，也可以去数数罗汉。我们宝光寺数罗汉是有讲究的哦，那应该怎么数呢？小张可以教大家一个方法：从您踏进罗汉堂门槛第一步开始，如果您的第一步是左脚，便从你左边的任意一尊开始数起；如果您第一步是右脚，便从你右边的任意一尊开始数起，当数到与自己年龄虚岁数字相同的那尊罗汉时，记下它的数字代码，然后到罗汉堂门口居士那里取对应的标签，让居士给您解答。居士会以您选中的罗汉以及它的善恶美丑来判断你自己是否有福。大家快去试试吧！40分钟后在大门口集合，祝大家在宝光寺玩得愉快！

🧰 实训练习

一、阅读范文、释难解疑

首先，在教师指导下，阅读宝光寺旅游景区（点）简介和讲解词范文，熟悉景区（点）的概况。

其次，理解范文中的"寺塔一体，塔居中心"这种早期佛教寺庙的建筑格局。

最后，参照范文，根据自己的讲解特点和表达习惯，将范文做梳理与微调；选择适当的讲解技巧，将范文转化为适合自己讲解风格的解说词，完成对宝光寺旅游景区（点）的讲解练习。

二、分解练习、循序渐进

首先，朗读范文，规范读音，理顺语句词汇；运用恰当的讲解方式和技巧，完成对宝光寺佛教旅游景区（点）的口头讲解初期练习。

其次，对"宝光寺佛教旅游景区（点）"范文中的地理位置与其他三大罗汉堂进行比较分析，总结出新都宝光寺罗汉堂的特色、宝光斜塔的成因等，并做到巧记熟记，不能出错。

再次，讲解时要求声音洪亮、吐字清楚，普通话标准流畅、语速适当。

然后，根据宝光寺佛教旅游景区（点）的特点，决定是否需要讲解器等辅助设备。

最后，分段落记忆与背诵，反复多次模拟讲解练习，逐步完成对宝光寺佛教旅游景区（点）的流畅讲解，直至达到"考核评价"的要求。

★ **活动三　考核评价**

将学生分成若干个小组，每组六人，一人担任讲解员，其他人扮演游客，进行模拟讲解实训训练，组内成员轮流担任模拟讲解员，模拟讲解完毕后，成员填写"任务评价"表格。

【任务评价】

评价项目	自我评定	小组评定	教师评定
仪容仪表（10）			
礼节礼貌（15）			
语音语调（10）			
口头表达（20）			
体态语言（10）			
讲解内容（20）			
讲解技巧（15）			
总评（等级评定）			
等级评定：优（90分以上）　良（80～89分）　中（70～79分）　合格（60～69分） 不合格（60分以下）			

【实训心得】

_____

_____

_____

_____

任务四　四川甘孜理塘寺佛教旅游景区（点）讲解实训

★ 活动一　课前预习

一、佛教代表性旅游景点——四川甘孜理塘寺佛教旅游景区（点）简介

理塘寺又名长青春科尔寺，位于县城城北山坡，由三世达赖索南嘉措于公元1580年开光建成。该寺占地面积900多平方米，寺容僧侣4300多人，常驻800人左右，为康区第一大格鲁派黄教寺庙。其宏伟的建筑与厚重的文化底蕴为康区之最，被视为"上有拉萨三大寺，下有安多塔尔寺，中有理塘长青春科尔寺"，可见该寺早已声名远扬，名震康巴。

寺院依山而筑，高低错落，层次分明。主体宫殿佛舍位于寺院最高处，拾级而上，给人以步步登天，极目云外，绝尘归神之感。佛舍内从门到内壁，从主柱到横梁，都绘有独具风格的壁画，每幅画都表现一个完整的佛教传说。这些壁画线条繁杂，变化多端，人物形象千姿百态，栩栩如生，而且寓意深。在大殿内的禅房，设有一、二世香根灵塔。塔高3米左右，以紫铜镀金，塔身錾有各式花纹图案，镶嵌有如子母绿、金刚石、珊瑚、玛瑙、珍珠、松耳石、琥珀、翡翠等各种珍宝，制作工艺精湛，别具匠心。

寺庙每年都要举行各种大法会，如独具特色的跳神、辩经、转山、展大佛及酥油花会等。

长青春科尔寺由于其富丽堂皇的建筑、琳琅满目的法器、千姿百态的佛像、精美绝伦的雕塑和浩瀚的藏书文献等，被称为一座当今藏族宗教、文化、艺术的宝库。作为佛教信徒和旅游观光者来说，能目睹它的尊荣是一种极大的幸事。

二、实训前的准备

物质准备：讲解证、导游旗、随身包、记事本、四川甘孜理塘寺佛教旅游景区（点）游览图、便携式讲解器、遮阳伞（雨伞）等。

心理准备：充满自信，告诉自己一定能完成接待任务，坚定吃苦耐劳的信念，了解游客的需求，分析四川甘孜理塘寺佛教旅游景区（点）的哪些方面游客最感兴趣，熟悉四川甘孜理塘寺佛教旅游景区（点）的讲解词范文。

形象准备：干净的头发、大方得体的衣着、轻便且易于行走的鞋，男士不得留胡须，女士不得化浓妆，不留长指甲。

仔细核实接待计划，根据客人的特点选择适合的讲解风格。

★ 活动二　讲解词范文赏析及讲解实训练习

📖 模拟范文赏析

四川甘孜理塘寺佛教旅游景区（点）讲解词

亲爱的朋友们，扎西德勒，吉祥如意！

欢迎各位尊贵的客人来到我们的理塘寺参观游览。我是大家今天的讲解员扎西尼玛，大家可以叫我扎西。我们今天要参观的康南佛教圣地——甘孜理塘寺，又名长青春科尔寺，在理塘县城城北约 1 千米的中莫拉卡山的山坡上。这里原来是一座黑教寺庙，在明万历年间，三世达赖途经该地时改为黄教寺庙，并为其开光。寺庙由三世达赖索南嘉措于公元 1580 年开光建成，占地面积 900 多平方米，寺容僧侣 4300 多人，常驻 800 人左右，为康区第一大格鲁派黄教寺庙，素有"康南佛教圣地"之称。

> **考考你：**
>
> 四川著名佛教圣地还有哪些？请列举说明。

理塘寺坐北朝南，背靠崩热神山和多闻正神山。相传三世达赖索南嘉措在安多地区（青海）传经返藏经过理塘时，途中巧遇诸多吉祥征兆，在这里看到一处奇景。什

么样的奇景呢？请大家随着我的手势来看，它的北面山势特高，像一尊财神盘腿而坐，手持珍宝；西面山岳十分壮观，像一只巨鹏展翅欲飞；东面山岳十分奇妙，

像一头巨象曲身而卧，从北向南伸直长鼻，两腮处的清泉像两条洁白的哈达，从象鼻两侧潺潺流过，左侧是无量寿甘露，右侧为莲花生甘露；南面山峦起伏，奇峰耸立，主峰山腰自然形成一幅十相自在图文。山麓下汹涌的理塘河好像一条青

龙盘旋而行，中间宽阔的大草原芳香四起，其间肃立着相传当年文成公主进藏时兴建的菩提白塔，奇观美不胜收，与九百多年前，印度大师阿底峡尊者在《噶当弟子问道录》中的预言相同。欣喜之下，索南嘉措在貌似巨象长鼻的鼻梁上的山岳间，兴建了这座理塘寺。

　　因理塘寺的这段传奇故事，该寺名声远扬，在藏区素有"上有拉萨三大寺，下有安多塔尔寺，中有理塘长青春科尔寺"的说法。但在寺庙初建时，只有喇嘛一百多，房屋也不多，经济能力也薄弱。蒙古法王契克阿登和云南丽江的纳西族土司帮助和扶持修建了大招殿、吴王殿。随着寺庙的日益发展和兴盛，阿扎活佛任堪布时，又修建了顶上大殿，寺庙才初具规模。清道光十八年，也就是 1838 年降生于理塘县的昂旺罗绒益西登地吉成为十世达赖转世灵童之一，因金瓶掣签落选，被册封为"香根"活佛。他在哲蚌寺获得格西学位后，任理塘寺第五十一任堪布，临终前被十三世达赖土登嘉措册封为康南最高活佛，并授权统管康南教务。此时，香根活佛名震康南，香根之名也在该寺历代冠用。1931 年，二世香根昂旺罗绒登增次来嘉措大兴土木，在到处讲经募化筹集资金的同时，获得西藏地方政府经济上的支持，扩大了顶上大殿，维修了吴王殿及大招殿两处的公房。

　　寺庙建筑依山而上，高低错落，层次分明，所以我们要逐级而上去参观大殿佛舍。大殿佛舍位于寺庙中央和高处，体势巍峨，拾级而上，给人以极目云天，绝尘归神之感。寺内珍藏有各种类型的释迦牟尼镀金铜像、佛教经典、三世达赖

用过的马鞍、明清时代的壁画等珍贵文物，该寺每年藏历正月十五的酥油花会被喻为"康区一绝"。

　　现在来到的白塔公园是我们康南地区唯一的一个公园，并且是以藏族同胞心中至高无上的白塔为主题，在全世界都是绝无仅有的。主塔高 33 米，周围由 119 个 2.5 米高的小塔环绕，形成别具一格的塔林。

　　现在，请随我继续往前走，我们已走进神圣的大殿。在进入之前我给大家一个温馨提示，请大家尊重我们的藏传佛教信仰，关掉自己的手机、相机的闪光灯，并随我们一起为挚爱的人祈福。谢谢你们对我们信仰的尊重。

　　请看我右手所指方向的墙角，那墙角边的一块块嘛呢经文石讲述着寺庙四百余年的历史，还有这金色的马鞍、麒麟号角上的道道铜箍、十世班禅大师的坐床、僧侣们翻动着的古老刻板《甘珠尔》和《丹珠尔》，以及虔诚的信徒们转动着经筒，这些都无不追忆着长青春科尔寺昔日的故事。

　　如今，该寺的几大主建筑已修复一新，学经制度及每月的各种修供仪轨和每年的大法会，如跳神、辩经、转山、展大佛以及酥油花会等也恢复完善。理塘寺又以富丽堂皇的建筑、琳琅满目的法器、千姿百态的佛像、精美绝伦的雕塑和浩瀚的文献藏书等被称为一座当今藏族宗教、文化、艺术的宝库。

好了，非常感谢大家今天随我踏上了这吉祥如意之旅，我愿将这吉祥如意通过您传达给您所钟爱的人，祝他们吉祥安康，扎西德勒！谢谢。

📚实训练习

一、阅读范文、释难解疑

首先，在教师指导下，阅读理塘寺佛教旅游景区（点）简介和讲解词范文，熟悉景区（点）的概况。

其次，调查整理藏传佛教的主要派系及其中的代表性寺庙。

最后，参照范文，根据自己的讲解特点和表达习惯，将范文做梳理与微调；选择适当的讲解技巧，将范文转化为适合自己讲解风格的解说词，完成对理塘寺佛教旅游景区（点）的讲解练习。

二、分解练习、循序渐进

首先，朗读范文，规范读音，理顺语句词汇；运用恰当的讲解方式和技巧，完成对理塘寺佛教旅游景区（点）的口头讲解初期练习。

其次，对理塘寺佛教旅游景区（点）范文中的地理位置、藏传佛教主要参观禁忌、白塔公园特色等，做到巧记熟记，不能出错。

再次，讲解时要求声音洪亮、吐字清楚，普通话标准流畅、语速适当。

然后，根据理塘寺佛教旅游景区（点）的特点，决定是否需要讲解器等辅助设备。

最后，分段落记忆与背诵，反复多次模拟讲解练习，逐步完成对理塘寺佛教旅游景区（点）的流畅讲解，直至达到"考核评价"的要求。

★活动三　考核评价

将学生分成若干个小组，每组六人，一人担任讲解员，其他人扮演游客，进行模拟讲解实训训练，组内成员轮流担任模拟讲解员。模拟讲解完毕后，成员填写"任务评价"表格。

【任务评价】

评价项目	自我评定	小组评定	教师评定
仪容仪表（10）			
礼节礼貌（15）			
语音语调（10）			
口头表达（20）			

续表

评价项目	自我评定	小组评定	教师评定
体态语言（10）			
讲解内容（20）			
讲解技巧（15）			
总评（等级评定）			
等级评定：优（90分以上） 良（80～89分） 中（70～79分） 合格（60～69分） 　　　　不合格（60分以下）			

【实训心得】

_____

_____

_____

_____

任务五　湖北武当山道教旅游景区（点）讲解实训

★ 活动一　课前预习

一、道教代表性旅游景点——湖北武当山道教旅游景区（点）简介

武当山又名太和山、谢罗山、参上山、仙室山，位于湖北省西北部十堰市丹江口境内，是我国著名的道教圣地之一。景区面积古称"方圆八百里"，现有312平方千米，东接历史名城襄樊市，西靠车城十堰市城区，南依原始森林神农架林区，北临大型人工淡水湖丹江口水库。武当山不仅拥有奇特绚丽的自然景观，而且拥有丰富多彩的人文景观。可以说，武当山无与伦比的美是自然美与人文美高度和谐的统一，因此它被誉为"亘古无双胜境，天下第一仙山"。武当山，作为国家重点风景名胜区、5A级旅游区、全国武术之乡、全国八大避暑胜地之一，其古建筑群被列入《世界文化遗产名录》，并先后荣获"全国文明风景名胜区"称号和"全国文明风景旅游区示范点"称号。

武当山是著名的山岳风景旅游胜地。主峰天柱峰，海拔1612米，被誉为"一柱擎天"，四周群峰向主峰倾斜，形成"万山来朝"的奇观。武当山的药用植物丰富，据1985年药用植物普查结果得知，全山有药材617种，因此，武当山有"天然药库"之称。

　　武当山古建筑群规模宏大，气势雄伟。据统计，唐代至清代共建庙宇 500 多处，庙房 20000 余间，明代达到鼎盛。历代皇帝都把武当山道场作为皇室家庙来修建。武当山尚存珍贵文物 7400 多件，尤以道教文物著称于世，故被誉为"道教文物宝库"。武当武术，又称"内家拳"，源远流长，玄妙飘灵，是中国武术的一大流派，素有"北崇少林，南尊武当"之说。

　　二、实训前的准备

　　物质准备：讲解证、导游旗、随身包、记事本、湖北武当山道教旅游景区（点）游览图、便携式讲解器、遮阳伞（雨伞）等。

　　心理准备：充满自信，告诉自己一定能完成接待任务，坚定吃苦耐劳的信念，了解游客的需求，分析湖北武当山道教旅游景区（点）的哪些方面游客最感兴趣，熟悉湖北武当山道教旅游景区（点）的讲解词范文。

形象准备：干净的头发、大方得体的衣着、轻便且易于行走的鞋，男士不得留胡须，女士不得化浓妆，不留长指甲。

仔细核实接待计划，根据客人的特点选择适合的讲解风格。

★ 活动二　讲解词范文赏析及讲解实训练习

📖 模拟范文赏析

湖北武当山道教旅游景区（点）讲解词

各位游客：大家好！请大家到这里来，现在我们所处的位置就是武当山的山门。这边有一块景区导游图，下面我将对着这导游图给大家介绍一下武当山道教旅游景区的概况。

我们的武当山风景区位于湖北丹江口市境内，面临碧波荡漾的丹江口水库，背依苍莽千里的神农架林区，连绵 400 多千米。这里风景秀丽，不管大家什么时候来，都能欣赏到它美的一面。虽说"天下名山佛占尽"，而在武当山却是道教一统天下。传说武当山金顶原来被无量佛占着，后来真武大帝修仙得道，出外云游到此，看到这里群峰林立，主峰天柱峰高耸入云，周围七十二峰俯首相向，形成了"七十二峰朝大顶"的奇观。真武大帝相中了这块宝地，便到天柱峰找无量佛商量借地，并提出只借八步即可。无量佛见他所要不多就答应了，没想到真武大帝法力无边，他从天柱峰顶走了八步，一步 100 里，八步竟占走了整个武当，从而赢得了永久居住权，武当山也因此成为道家的场地。

武当道观从唐贞观年间开始修建，到明永乐年间达到高峰。这里的建筑充分利用自然，采用皇家的建筑方式统一布局，集中体现了我国古代建筑艺术的优秀传统。皇家的大力推崇使得武当山名声大震，成为我国的道教名山，吸引着各地的游人香客观光朝拜。它于 1994 年被列入世界遗产之列，成为全世界的瑰宝。

大家都知道张三丰吗？知道他跟武当山的渊源吗？对，中国武林历来有"北崇少林，南尊武当"的说法。许多人都是未识武当山而先知武当拳。武当拳的创始人相传是明代著名道士张三丰，关于这一点，我想喜欢武侠的朋友可能通过小说和电影、电视了解了一些。据说他在这里修炼的时候看到鹤与蛇争斗的情景，受到启发，领悟出了太极十三式，他也因此被尊为武当派的开山祖师。

武当山景区的景点很多，也各有特色，如回龙观的清幽、太子坡的壮观、逍遥谷的飘逸，而绿琉璃瓦大殿的紫霄宫，就更有特色了。我先给大家讲讲为什么叫紫霄宫。那是因为紫霄宫周围的冈峦天然形成了一把二龙戏珠的宝椅，永乐皇帝封它为"紫霄福地"。在紫霄宫殿内，其正前方石雕须弥座上的神龛中供奉的是真武神老年、中年、青年时的塑像和文武仙人的坐像。他们形态各异、栩栩如生，是我国明代的艺术珍品。殿内有根几丈长的杉木传说是从远方突然飞来的，因此叫作"飞来杉"。据说在杉木的一端轻轻敲击，另一端就可以听到清脆的响声，因此又叫"响灵杉"。它为什么要飞来紫霄宫呢？大家一会儿到现场的时候去看个究竟吧。

好了，我的看图讲解暂告一段落，接下来就是各位游客随我进景区亲身感受武当道教文化的时间了。各位朋友，请随我进武当山景区吧。

📚 **实训练习**

一、阅读范文、释难解疑

首先，在教师指导下，阅读武当山道教旅游景区（点）简介和讲解词范文，熟悉景区（点）的概况。

其次，将范文中的"北崇少林，南尊武当"进行摘录阅读，并理解这句话的具体含义。

最后，参照范文，根据自己的讲解特点和表达习惯，将范文做梳理与微调；选择适当的讲解技巧，将范文转化为适合自己讲解风格的解说词，完成对武当山道教旅游景区（点）的讲解练习。

二、分解练习、循序渐进

首先，朗读范文，规范读音，理顺语句词汇；运用恰当的讲解方式和技巧，完成对武当山道教旅游景区（点）的口头讲解初期练习。

其次，对武当山道教旅游景区（点）范文中的地理位置、道教寺庙建筑布局等，做到巧记熟记，不能出错。

再次，讲解时要求声音洪亮、吐字清楚，普通话标准流畅、语速适当。

然后，根据武当山道教旅游景区（点）的特点，决定是否需要讲解器等辅助设备。

最后，分段落记忆与背诵，反复多次模拟讲解练习，逐步完成对武当山道教旅游景区（点）的流畅讲解，直至达到"考核评价"的要求。

★ 活动三　考核评价

将学生分成若干个小组，每组六人，一人担任讲解员，其他人扮演游客，进行模拟讲解实训训练，组内成员轮流担任模拟讲解员。模拟讲解完毕后，成员填写"任务评价"表格。

【任务评价】

评价项目	自我评定	小组评定	教师评定
仪容仪表（10）			
礼节礼貌（15）			
语音语调（10）			
口头表达（20）			
体态语言（10）			
讲解内容（20）			
讲解技巧（15）			
总评（等级评定）			
等级评定：优（90分以上）　良（80～89分）　中（70～79分）　合格（60～69分）不合格（60分以下）			

【实训心得】

_____

_____

_____

_____

任务六　四川大邑鹤鸣山道教旅游景区（点）讲解实训

★ 活动一　课前预习

一、道教代表性旅游景点——四川大邑鹤鸣山道教旅游景区（点）简介

四川省大邑县鹤鸣山是中国道教的发源地。鹤鸣山以山形像鹤而得名，也有说法为因明代罗洪行的词句"鹤鸣山穴中有鹤，鸣则仙人去"而得此名。相传，东汉顺帝时，道教祖师张道陵在此修炼，造作道书，自称天师，创立了"正一盟威之道"，又称五斗米道，奉老子为教祖，尊其为太上老君，并以老子的《道德经》为主要经典。此山又曾是五斗米道的早期传教点，二十四治中的第三治鹤鸣神山太上治，因此，鹤鸣山历来都被看作道教的发源地。许多著名道士都曾在此修炼过，如北宋的陈希夷、明代的张三丰等，现有的道迹和诗文便是明证。游览过此山的历代文人曾为此山的宏伟秀丽而题词咏怀。与诸多诗文相辉映的还有众多的古代建筑，以及少数在战争中幸存下来的园林。

二、实训前的准备

物质准备：讲解证、导游旗、随身包、记事本、四川大邑鹤鸣山道教旅游景区（点）游览图、便携式讲解器、遮阳伞（雨伞）等。

心理准备：充满自信，告诉自己一定能完成接待任务，坚定吃苦耐劳的信念，了解游客的需求，分析四川大邑鹤鸣山道教旅游景区（点）的哪些方面游客最感兴趣，熟悉四川大邑鹤鸣山道教旅游景区（点）的讲解词范文。

形象准备：干净的头发、大方得体的衣着、轻便且易于行走的鞋，男士不得留胡须，女士不得化浓妆，不留长指甲。

仔细核实接待计划，根据客人的特点选择适合的讲解风格。

★活动二 讲解词范文赏析及讲解实训练习

📖模拟范文赏析

四川大邑鹤鸣山道教旅游景区（点）讲解词

各位游客，欢迎您来到中国本土宗教——道教的发源地，四川大邑鹤鸣山。

我们的鹤鸣山是中国道教的发源地，又名鹄鸣山，属道教名山。它位于四川成都西部大邑县城西北 12 千米的鹤鸣乡三丰村，属岷山山脉，海拔 1000 余米，北依青城山，南邻峨眉山，西接雾中山，足抵川西平原，距成都约 70 千米。因山形似鹤、山藏石鹤、山栖仙鹤而得名，为古代剑南四大名山之一。

据有关史书记载：东汉顺帝汉安元年时，沛国丰县人张道陵于大邑县境鹤鸣山倡导正一盟威之道，在民间俗称五斗米道，也称天师道，奉老子李耳为教祖，以《道德经》为主要经典，这标志着道教的正式创立。鹤鸣山是举世公认的中国道教发源地、世界道教的朝圣地，被称为"道国仙都""道教祖庭"。

现在大家来到的地方是我们的鹤鸣山最早的建筑——上清宫，即天师祖庭。上清宫是张道陵所建。其后经扩建增饰，到民国时期，已拥有上清、天师、紫阳、迎仙、文昌等上百间殿宇，"文化大革命"时曾遭严重破坏。经过各方努力，鹤鸣山道观 1985 年被成都市政府批准为重点文物保护单位，1987 年又被批准为道教开放点。鹤鸣山道观现占地 65 亩，并由当地政府拨款和海内外信众捐助修复了紫斗姥二殿，新建了迎仙阁、延祥观、三圣宫、天师殿等。

　　请看我手指的方向，这就是迎仙阁，迎仙阁两边联题"人桥同此心四面顾瞻一山鹤，草木并深意八方遮护双涧鳞"。迎仙阁为三重阁楼，三楼供奉太上老君，二楼供奉灵主，一楼供奉青龙、白虎。相传明洪武二十五年，张三丰在劝说献王朱椿入道未成之后，因羡慕张道陵的仙绩，前来鹤鸣山天谷洞炼丹修行。明代的皇帝素有崇尚道家的传统，明成祖朱棣就是其中一位。永乐五年，朱棣听闻张三丰在蜀地的鹤鸣山修道，随即遣派礼部尚书胡濙前来鹤鸣山迎请。张三丰避而不见。无奈之下胡濙只好苦苦守候，直至后来埋骨鹤鸣山中。朱棣并未灰心，数年后的一个初春，朱棣亲手书写了一道御旨交给龙虎山道士吴伯理，让他继续前往蜀中迎请张三丰。然而，吴伯理也未见其踪影，只好在鹤鸣山的山麓处修建了一座迎仙阁，希望能在某一天与其相遇。后来，一直隐遁不见的张三丰在南岩的石壁上留下了"三丰隐者谁能寻，九室云崖深更深"的诗句。

　　各位，山路难行，请大家小心，我们继续往前走就是三圣宫了。三圣宫是香港飞雁洞佛道社观主刘松飞捐资修建，高十八米，上下两层，飞檐斗拱，立柱回廊，琉璃艳彩，显得十分富丽堂皇。殿内供奉道祖太上老君道德天尊、纯阳帝君吕洞宾和太极祖师张三丰。两边对联是中国道教协会原会长黎遇航所题，上联是"鹤鸣九霄道兴神州方士齐稽首"，下联是"龙腾三界灵显大地苍生发善心"。殿外有张三丰亲手种植的古柏一棵，现在树围都有三米多了。

　　我们的鹤鸣山不仅有神秘的道教文化，还有秀丽的自然风光。现在你看到的鹤

鸣双涧透龙泉就是其中之一，它位于天柱峰下。史书记载：双涧透龙泉一云东西双涧，有大穴相通。东涧水涨，西涧可见浊水；西涧水涨，东涧可见浊水，号曰龙池。又有传说这样描述：龙泉地区的龙泉寺殿后有一对井并列，一井通东涧，一井通西涧，如一涧水涨，相通之井水即现浑浊，故有鹤鸣双涧透龙泉之说，是大邑八大景之一。

好了，各位朋友，我们继续顺山势而上，即将到达的是天谷洞。请大家跟着往前走，注意脚下安全。

📋 实训练习

一、阅读范文、释难解疑

首先，在教师指导下，阅读鹤鸣山道教旅游景区（点）简介和讲解词范文，熟悉景区（点）的概况。

其次，以范文中的道教主要经典《道德经》为出发点，整理并记忆道教的主要经典。

最后，参照范文，根据自己的讲解特点和表达习惯，将范文做梳理与微调；选择适当的讲解技巧，将范文转化为适合自己讲解风格的解说词，完成对鹤鸣山道教旅游景区（点）的讲解练习。

二、分解练习、循序渐进

首先，朗读范文，规范读音，理顺语句词汇；运用恰当的讲解方式和技巧，完成对鹤鸣山道教旅游景区（点）的口头讲解初期练习。

其次，对鹤鸣山道教旅游景区（点）范文中的地理位置、鹤鸣山在道教中的地位、道教的主要供奉对象等，做到巧记熟记，不能出错。

再次，讲解时要求声音洪亮、吐字清楚，普通话标准流畅、语速适当。

然后，根据鹤鸣山道教旅游景区（点）的特点，决定是否需要讲解器等辅助设备。

最后，分段落记忆与背诵，反复多次模拟讲解练习，逐步完成对鹤鸣山道教旅游景区（点）的流畅讲解，直至达到"考核评价"的要求。

⭐ 活动三 考核评价

将学生分成若干个小组，每组六人，一人担任讲解员，其他人扮演游客，进行模拟讲解实训训练，组内成员轮流担任模拟讲解员。模拟讲解完毕后，成员填写"任务评价"表格。

【任务评价】

评价项目	自我评定	小组评定	教师评定
仪容仪表（10）			
礼节礼貌（15）			
语音语调（10）			
口头表达（20）			
体态语言（10）			
讲解内容（20）			
讲解技巧（15）			
总评（等级评定）			
等级评定：优（90分以上）　良（80～89分）　中（70～79分）　合格（60～69分）不合格（60分以下）			

【实训心得】

_____

_____

_____

_____

任务七　成都青羊宫道教旅游景区（点）讲解实训

★ 活动一　课前预习

一、道教代表性旅游景点——成都青羊宫道教旅游景区（点）简介

青羊宫被誉为"川西第一道观"和"西南第一丛林"，是四川省重点文物保护单位。青羊宫坐落于成都西南郊，南面百花潭、武侯祠（汉昭烈庙），西望杜甫草堂，东邻二仙庵。相传宫观始建于周朝，原名"青羊肆"。据考证，三国之际取名"青羊观"。唐朝中和元年（公元881年）黄巢起义，唐僖宗避难于蜀中，曾将此作为行宫。待他重返长安后，拨钱增建并下诏改"观"为"宫"。五代时改称"青羊观"。宋代又复名为"青羊宫"。至明朝，唐朝所建殿宇不幸毁于天灾兵焚。现存建筑为清代康熙六至十年（1667—1671）陆续重建。

二、实训前的准备

物质准备：讲解证、导游旗、随身包、记事本、成都青羊宫道教旅游景区（点）游览图、便携式讲解器、遮阳伞（雨伞）等。

心理准备：充满自信，告诉自己一定能完成接待任务，坚定吃苦耐劳的信念，了解游客的需求，分析成都青羊宫道教旅游景区（点）的哪些方面游客最感兴趣，熟悉成都青羊宫道教旅游景区（点）的讲解词范文。

形象准备：干净的头发、大方得体的衣着、轻便且易于行走的鞋，男士不得留胡须，女士不得化浓妆，不留长指甲。

仔细核实接待计划，根据客人的特点选择适合的讲解风格。

★ **活动二　讲解词范文赏析及讲解实训练习**

📖 **模拟范文赏析**

成都青羊宫道教旅游景区（点）讲解词

各位游客，大家好！欢迎大家来到川西第一道观——成都青羊宫参观游览。成都青羊宫是中国著名的道教宫观。它位于风景优美、文物古迹众多的成都市西南郊，是成都市内现有的一座最大、最古老的道教庙宇。

历史悠久的青羊宫最初建于周朝，兴盛于唐朝，虽然在宋、元、明、清时期屡经沧桑兴废，但至今仍基本保持原有的建筑规模。唐初，青羊宫被称为玄中观，后来因为皇帝唐僖宗在内居住过而改观名为青羊宫。著名诗人陆游曾这样形容："二十里路香不断，青羊宫到浣花溪。"现在就让我们一起去了解发源于四川的道教文化，一同去找寻传说中关于老子为关令尹喜讲述《道德经》这个故事的遗迹吧。

大家请看面前这个景点示意图，今天我们要参观的景点包括山门、灵祖殿、八卦亭、三清殿、斗姥殿、说法台、降生台、玉皇殿和唐王殿。

我们进入青羊宫的第一座建筑是山门。现在的山门与灵官殿是合二为一的，它又被称作灵祖楼，是清光绪年间重建的。

请大家随我一起进门。我们现在看到的第一个神仙是道教的护法神王灵官像。相传他是北宋时人，姓王名善，被玉皇封为"先天主将"，主管天上、人间纠察之职，相当于现在的派出所所长。他也因此成为道教的护法主将，相当于佛教寺庙里面的韦驮。在他两边的墙上有两幅壁画，一边是青龙，一边是白虎。据说老子在出行时，前有12朱雀，后有24玄武，两旁还有青龙、白虎无数。老子出行时的仪仗队是非常庞大、非常壮观的。在道教宫观里，我们都可以看到青龙、白虎的造像。大家可能会问了，那另外的朱雀和玄武去哪里了呢？其实我们在山门顶上就可以看到啦，因为如果把它们立在这前后，我们游人就无法通行了。

请随我往前走。我们现在所看到的是青羊宫的第二重殿——混元殿。为什么叫混元殿呢？大家仔细观察一下，中间这位是谁呢？他就是我们道教的始祖老子，也就是太上老君。他被真宗封为混元上德皇帝，在道教里因被称为混元祖师。大家请看，老子手中拿了一个混元乾坤圈，这个乾坤圈也可以说是太极圈。将圈拉直了便是"一"字，所以它表示的是世间万物在形成之间的一种混沌状态。在混元殿的后殿供奉着慈航真人像。大家看一下，他像谁？对了，他就是佛教中观世音的造型。观世音为什么在道教里面换成了慈航这个名字呢？慈航这两个字最早出自佛教的《华严经》，《华严经》里面有倒驾慈航的说法。道教的菩萨分为十帝，有初帝菩萨、二帝菩萨、三帝菩萨，等等，到了八帝菩萨以上呢，其修行基本上就和佛的果位差不多了，基本上等同于佛了，但由于修行积累还不够，要回到凡间，再把功德完成，这种行为就是倒驾慈航。完成了这些功绩，基本上就和佛的等级持平了。这就是佛教中的观世音菩萨为什么在道教里面叫慈航真人的缘由了。在中国，塑像最多的是观世音，也就是道教中的慈航真人。为什么他这么受欢迎呢？这和他的长相有关系，因为他的长相源自唐代，他的造像非常具有亲和力，摆在寺庙或宫观里面，让人感觉非常慈悲。所以呢，在我国也有这种说法："家家观世音，处处阿弥陀。"

穿过八卦亭，我们来到了三清殿。首先映入我们眼帘的这尊独角铜羊，俗称青羊，是清朝雍正元年大学士张鹏翮从北京买来送给青羊宫的。坐台前有首诗说明了它的来历："京师会上得铜羊，移往成都古道场。山关尹喜如相识，寻到华阳乐未央。"成都青羊宫的得名也和这只青羊有关系。据说在三千多年前的周昭王时，老子五十多岁了，看到东周王室衰微，便离开东周去秦国。西行途中经函谷关时，关令尹喜请他著书，老子就写下了讲道德内容的文字五千字，这就是人们常说的《道德经》。老子临别时对尹喜说：千日后寻我于成都青羊肆。老子离关西去后，就在秦国隐居下来。关令尹喜辞官来到了成都西郊这个叫作青羊肆的地方，果然见到一个童子牵了青羊。尹喜就想啊，这可能就是老子的化身，于是上前跟他讲话，这个小孩摇身一变，就变成了老子。于是老子便在青羊宫的说法台跟尹喜讲了《道德经》，之后，在这个地方建了道观，叫青羊观。还有传说说这里是太上老君李耳升天的地方。

各位请看，这尊独角铜羊有什么特点呢？是不是有点"远看是只羊，近看四不像"的样子？呵呵，大家看到了，它其实是由很多动物组成的。那请大家猜一猜，它是由哪几种动物组成的呢？答对有奖励哦。好了，揭开谜底，其实它是十二生肖的化身。我们一起来看一下，分别是鼠耳、牛鼻、虎爪、兔背、龙角、蛇尾、马嘴、羊须、猴颈、鸡眼、狗腹、猪臀构成。相传，2 月 15 日这天是老君的诞辰。成都市民有一个习俗，就是在头一天夜晚就赶到大殿这里坐守一夜，称为"坐香"，第二天清早起来就要摸铜羊。据说，摸了铜羊可治百病，哪里痛就摸哪里。现在，让我们也来摸摸铜羊，抹去身体的不适吧。

各位朋友，现在请随我进入三清殿参观吧。三清殿是青羊宫的主要建筑，始建于唐。请看这里面供奉着的三清像，三清指的是玉清元始天尊、上清灵宝天尊和太清道德天尊。我们也可以把三清理解为老子的化身，为什么这样说呢？因为在道教里，有老子一气化三清的说法。大家看，三清非常端庄地坐在里面，不像别的佛像，非常有煞气，因为在《道德经》的第四十五章里面有这样一句话："清静为天下正。"在讲这之前，我先给大家讲一个故事。大家都知道中国的一个家电品牌海尔，他们的老总张瑞敏和青岛崂山的一个道长关系非常好。有一次他听说那个道长出了车祸，于是就开车去探望。道长告诉他："我都已经让那人走啦，脚只是受了一点点伤……"张总就感觉非常惊奇，就说："为什么你不让那人留下来，找相关部门处理呢？"道长就跟他说了这样一句话："人和人啊，境界不相同。站在我这个角度，这事儿可能是上天注定了的，也没办法。那么站在你的角度，你可能就会按照你的方式方法去处理。"这句话对张总影响非常深，他回去之后就把道德经中"清静为天下正"这几个字挂在办公室的墙上了。"清静为天下正"的意思是清静无为的人可以成就大事业。其实张瑞敏也是用道家的方法来管理他的企业的，也就是《道德经》的下篇——《德经》里写的"上德不德，是以有德。下德不失德，是以无德"。这句话的意思是说：高层次的德，不自认为有德；高层次的德就是顺其自然、无意表现的德。低层次的德则恰恰相反。这点很值得我们大家深思，到底是对是错，还请大家自己去慢慢品味。

好了，各位，我的讲解暂时告一段落，给大家10分钟时间自由参观。参观完后，我将继续带大家参观斗姥殿、说法台、降生台、玉皇殿和唐王殿。谢谢大家！

实训练习

一、阅读范文、释难解疑

首先，在教师指导下，阅读青羊宫道教旅游景区（点）简介和讲解词范文，熟悉景区（点）的概况。

其次，将范文中的"家家观世音，处处阿弥陀"进行摘录阅读，并解释其含义。

最后，参照范文，根据自己的讲解特点和表达习惯，将范文做梳理与微调；选择适当的讲解技巧，将范文转化为适合自己讲解风格的解说词，完成对青羊宫道教旅游景区（点）的讲解练习。

二、分解练习、循序渐进

首先，朗读范文，规范读音，理顺语句词汇；运用恰当的讲解方式和技巧，完成对青羊宫道教旅游景区（点）的口头讲解初期练习。

其次，对青羊宫道教旅游景区（点）范文中的地理位置、独角铜羊、道教宫观建筑布局等，做到巧记熟记，不能出错。

再次，讲解时要求声音洪亮、吐字清楚，普通话标准流畅、语速适当。

然后，根据青羊宫道教旅游景区（点）的特点，决定是否需要讲解器等辅助设备。

最后，分段落记忆与背诵，反复多次模拟讲解练习，逐步完成对青羊宫道教旅游景区（点）的流畅讲解，直至达到"考核评价"的要求。

★活动三　考核评价

将学生分成若干个小组，每组六人，一人担任讲解员，其他人扮演游客，进行模拟讲解实训训练，组内成员轮流担任模拟讲解员。模拟讲解完毕后，成员填写"任务评价"表格。

【任务评价】

评价项目	自我评定	小组评定	教师评定
仪容仪表（10）			
礼节礼貌（15）			
语音语调（10）			
口头表达（20）			
体态语言（10）			
讲解内容（20）			
讲解技巧（15）			
总评（等级评定）			
等级评定：优（90分以上）　良（80～89分）　中（70～79分）　合格（60～69分）　　　　不合格（60分以下）			

【实训心得】

_____

_____

_____

_____

任务八　西安化觉巷清真寺伊斯兰教旅游景区（点）讲解实训

★ 活动一　课前预习

一、伊斯兰教代表性旅游景点——西安化觉巷清真寺伊斯兰教旅游景区（点）简介

西安化觉巷清真寺，又称西安化觉巷清真大寺，建于明初（14世纪末）。化觉巷清真寺是西安市现存规模最大、保护最完整的明代建筑群。

清真寺轴线东西向，南北宽50米，东西长250米，面积约为12500平方米。寺院自东向西有四进院落，规模宏大，布局严整。第一、第二院内有牌坊和大门，第三院内的主体建筑是省心楼（又叫密那楼或者邦克楼，阿訇在此楼上招呼教徒入寺礼拜），平面八角形，高三层，两侧有厢房，作浴室、会客室、讲经室等。第四院内有正面朝东的礼拜殿，平面凸字形，面阔七间，前面有大月台及前廊，后设神龛，可容千人礼拜。礼拜殿的屋顶也分为前廊、礼拜堂和后窑殿（有神龛和宣谕台）三部分，相互搭接。其中以礼拜殿屋顶最大，并作重檐形式。

二、实训前的准备

物质准备：讲解证、导游旗、随身包、记事本、西安化觉巷清真寺伊斯兰教旅游景区（点）游览图、便携式讲解器、遮阳伞（雨伞）等。

心理准备：充满自信，告诉自己一定能完成接待任务，坚定吃苦耐劳的信念，了解游客的需求，分析西安化觉巷清真寺伊斯兰教旅游景区（点）的哪些方面游客最感兴趣，熟悉西安化觉巷清真寺伊斯兰教旅游景区（点）的讲解词范文。

形象准备：干净的头发、大方得体的衣着、轻便且易于行走的鞋，男士不得留胡须，女士不得化浓妆，不留长指甲。

仔细核实接待计划，根据客人的特点选择适合的讲解风格。

★ 活动二 讲解词范文赏析及讲解实训练习

📖 模拟范文赏析

西安化觉巷清真寺伊斯兰教旅游景区（点）讲解词

各位游客，大家好！现在我们所处的位置是西安清真大寺门口，下面我先简单介绍一下它的历史。它位于西安鼓楼西北的化觉巷内，又称化觉巷清真大寺。这是一座历史悠久、规模宏大的古建筑群，是全国著名的伊斯兰教寺院。这座寺庙还有着这样一段传奇故事。相传，在明代，当郑和准备率领庞大的远洋舰队再次下西洋时，虽然随行人员近两万，却唯独缺少精通阿拉伯语和锡兰语的翻译。于是郑和便千里迢迢，专程来到久已闻名的长安城清真寺求贤选才。经过认真考核、仔细挑选，他选中了寺院的掌教哈三，并且任命他为西洋使团的总翻译。哈三聪慧稳重，不负"郑"望，在出使途中，不仅为郑和出谋划策，排忧解难，而且顺利完成使命。回到京城，郑和为哈三报功请赏，哈三均婉言谢绝，他只要求圣上能恩泽清真寺，拨款修葺。郑和感念哈三的虔诚，于是禀明圣上，得到恩准。于是郑和领旨重返长安，亲自设计绘图，招募巧匠，选择良材，方才有了我们今天看到的面貌一新的清真大寺。

好了，请大家带着对哈三的敬意，继续往前走。通过宽大的月台，我们的左右两边就是巍峨华丽的礼拜殿了。礼拜殿覆有宁静而清澈的蓝色琉璃瓦，斗拱飞檐，磨砖对缝。大殿面宽七间，进深九间，约1300平方米，可容纳千人共同礼拜。在大殿外背中心有锥状鎏金顶，内檐高悬明永乐三年成祖朱棣赐给当时寺院阿訇、阿拉伯人赛亦迪哈马鲁丁护寺的敕谕匾。殿内天棚藻井上有彩绘600余幅，用色讲究，构图巧妙，是我国伊斯兰教寺院彩画独特手法的体现。在殿内四周镶嵌大型木牌雕刻中文、阿拉伯文《古兰经》各 30 幅，是目前世界伊斯兰教寺院中极为罕见的巨型《古兰经》。

现在请大家跟随我进入殿内，顺着我手指的方向看。大家看到的殿内的吊顶全部做成井形天花，天花支条为绿地红花，沥粉贴金。全殿天花药画 600 余幅，岔角、圆光皆为阿拉伯文组成的图案，一幅一文各有千秋，充分表现了中国清真寺古建筑彩画的独特手法。后窑殿的制作尤为精丽，壁龛前一对圆柱，柱身全部为红地沥粉贴金的阿拉伯文图案，柱上的枋木及门罩、垂柱等均施彩画，犹如圣龛前挂上一层华丽的垂幔。

请大家看向正前方，这就是礼拜殿的壁龛。壁龛呈尖打拱状，龛内为阿拉伯文和几何纹装饰，围绕这一壁龛，向左右及上方做层层扩大的木雕装饰，直至将整个壁龛墙面做满。以伊斯兰教传统装饰纹样为基调，多处组织了中国传统的宝瓶、牡丹等图案，使这个伊斯兰教壁龛呈现出一定的中国文化。壁龛左右的另外两个开间，雕饰均以荷花和菊花为题材，配制均匀齐整、大小比例各不相同的图案结构，对称中有变化，变化中有统一，形质支荡，气韵飘然，线条流畅而准确，层次丰富而含蓄，纯然为中国传统的装饰风格。壁龛与其左右开间的不同气质和不同风韵，和谐地统一在一起，构成一片完整的红地金花墙面，使后窑满室生辉。也有许多清真寺，殿堂不施彩画，朴素简洁，高雅明快，别具风韵。

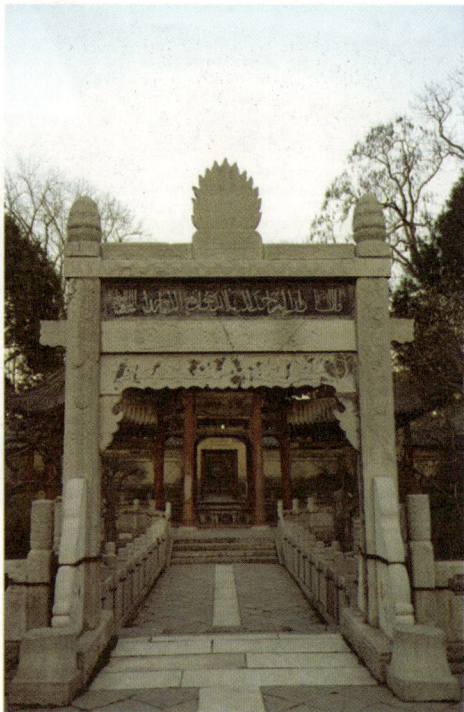

西安清真大寺历经数朝，一千二百多年来，寄托着穆斯林的希望和心愿，至今它依然是西安数万穆斯林虔诚礼拜、联络感情的地方，也是其交流文化、庆祝节日的圣殿。

好了，我的讲解暂告一个段落，请大家自由参观，在欣赏清真建筑精巧的同时，充分领略清真文化带来的洗礼。

📚 实训练习

一、阅读范文、释难解疑

首先，在教师指导下，阅读西安化觉巷清真寺伊斯兰教旅游景区（点）简介和讲解词范文，熟悉景区（点）概况，并找出讲解词范文中类似"阿訇"的"訇"等诸多生僻字，全部找出后，标注读音，反复练习。

其次，将范文中的伊斯兰教经典《古兰经》进行调查了解，并整理其所规定的伊斯兰教主要教仪。

最后，参照范文，根据自己的讲解特点和表达习惯，将范文做梳理与微调；选择适当的讲解技巧，将范文转化为适合自己讲解风格的解说词，完成对西安化觉巷清真寺伊斯兰教旅游景区（点）的讲解练习。

二、分解练习、循序渐进

首先，朗读范文，规范读音，理顺语句词汇，运用恰当的讲解方式和技巧，完成对西安化觉巷清真寺伊斯兰教旅游景区（点）的口头讲解初期练习。

其次，对西安化觉巷清真寺伊斯兰教旅游景区（点）范文中的地理位置、伊斯兰教寺庙彩绘艺术、伊斯兰教寺庙礼拜习俗等进行了解，做到巧记熟记，不能出错。

再次，讲解时要求声音洪亮、吐字清楚，普通话标准流畅、语速适当。

然后，根据西安化觉巷清真寺伊斯兰教旅游景区（点）的特点，决定是否需要讲解器等辅助设备。

最后，分段落记忆与背诵，反复多次模拟讲解练习，逐步完成对西安化觉巷清真寺伊斯兰教旅游景区（点）的流畅讲解，直至达到"考核评价"的要求。

⭐ 活动三　考核评价

将学生分成若干个小组，每组六人，一人担任讲解员，其他人扮演游客，进行模拟讲解实训训练，组内成员轮流担任模拟讲解员。模拟讲解完毕后，成员填写"任务评价"表格。

【任务评价】

评价项目	自我评定	小组评定	教师评定
仪容仪表（10）			
礼节礼貌（15）			
语音语调（10）			
口头表达（20）			
体态语言（10）			
讲解内容（20）			
讲解技巧（15）			
总评（等级评定）			
等级评定：优（90分以上） 良（80～89分） 中（70～79分） 合格（60～69分） 　　　　　不合格（60分以下）			

【实训心得】

_____

_____

_____

_____

任务九　四川阆中巴巴寺伊斯兰教旅游景区（点）讲解实训

★ 活动一　课前预习

一、伊斯兰教代表性旅游景点——四川阆中巴巴寺伊斯兰教旅游景区（点）简介

清康熙二十三年，也就是 1684 年，沙特阿拉伯麦加城人穆罕默德第二十九代裔孙华哲·阿卜董拉希从甘肃、陕西来到阆中传教。阆中川北镇总兵马子云待为师长，让他定居在铁塔寺。这位"西来上人"神形古健，状貌若仙，他"胸藏三教之书而不以文名，艺精百家之奇而不以技称"，言语诙谐，善于骑射，尤工诗歌。他同马子云常游蟠龙山，见南麓处居蟠龙山龙脉之首，便卜阴宅（坟地）于水池之中。康熙二十八年三月，阿卜董拉希去世。他的高足弟子祁静一与马子云便在他生前所卜之处建造"拱北"（墓亭），排水填土，将他安葬于内，并命名为"久照亭"，俗称巴巴寺，占地 20 亩，建筑面积 1800 平方米。

二、实训前的准备

物质准备：讲解证、导游旗、随身包、记事本、四川阆中巴巴寺伊斯兰教旅游景区（点）游览图、便携式讲解器、遮阳伞（雨伞）等。

心理准备：充满自信，告诉自己一定能完成接待任务，坚定吃苦耐劳的信念，了解游客的需求，分析四川阆中巴巴寺伊斯兰教旅游景区（点）的哪些方面游客最感兴趣，熟悉四川阆中巴巴寺伊斯兰教旅游景区（点）的讲解词范文。

形象准备：干净的头发、大方得体的衣着、轻便且易于行走的鞋、男士不得留胡须，女士不得化浓妆，不留长指甲。

仔细核实接待计划，根据客人的特点选择适合的讲解风格。

★活动二　讲解词范文赏析及讲解实训练习

📖模拟范文赏析

四川阆中巴巴寺伊斯兰教旅游景区（点）讲解词

各位游客，大家好！今天小王带大家游览的是四川省阆中巴巴寺。它是伊斯兰教嘎德耶教门穆斯林的圣地，位于阆中市城区东北郊蟠龙山南麓。巴巴寺，又名"久照亭"。"巴巴"，即阿拉伯语"祖先"之意，为伊斯兰教嘎德耶教派第一位来我国传教的祖师华哲·阿卜董拉希的墓地。

清康熙二十三年，也就是1684年，沙特阿拉伯麦加城人穆罕默德第二十九代裔孙华哲·阿卜董拉希从甘肃、陕西来到阆中传教。阆中川北镇总兵马子云待为师长，让他定居在铁塔寺。这位"西来上人"神形古健，状貌若仙，他"胸藏三教之书而不以文名，艺精百家之奇而不以技称"，言语诙谐，善于骑射，尤工诗歌。他同马子云常游蟠龙山，见南麓处居蟠龙山龙脉之首，便卜阴宅于水池之中。后阿卜董拉希去世。他的高足弟子祁静一与马子云就在他生前所卜之处建造"拱北",排水填土,将他安葬于内,并命名为"久照亭",俗称巴巴寺,占地 20 亩,建筑面积 1800 平方米。

　　现在我们来到的是巴巴寺山门。山门为木石结构,上面写有"久照亭",还有"真一还真"的镏金门额。大家在进门之前来看看我们大门的西侧,为什么呢?因为那里有乾隆年间水磨青砖砌成的大照壁,长约 10 米,高 8 米。照壁正面镂空雕刻有写意山水,背面为古松劲竹,配以花卉。作品取样于唐代张藻和明代唐寅,刀笔隽美,富有立体感。照壁为须弥座,五脊顶,飞椽镂空,工艺精美。久照亭大殿为三重檐盝式四脊顶建筑,外体为四方形,室内藻井为八方形,即所谓"明四暗八"。廊檐门窗,顶楣落地,上刻国内少见的金边双层窗花,镏金镀彩,加上四周的龙墙砖壁相映衬,庄严肃穆。大殿分内外二室,外室锦帘垂掩,匾额高悬,水磨地面铺设丝毯跪垫,供人朝拜。内室即西来上人墓室,顶若苍穹,悬金匾两通,其一为清王朝宗人府右宗正多罗贝勒亲王手书"清修"二字,上饰龙吻金印。室中安放一宝鼎形镂空活动香炉,高二尺余,雕刻精细,是一件艺术珍品。

　　请大家随我沿过道前行,现在到达的地方就是大殿前面的木牌坊。它整体结构复杂、雕刻精妙,呈四柱三间三楼式,檐牙高啄,斗拱层层重叠,交错繁复,相缝合辙,无一榫楔,为木构之精品。请大家抬头往上看,在我们的牌坊正面有一匾，写有"仰止"二字，为清道光甲辰年立。牌坊前与照壁之间为砖仿木结构垂花大门，吊柱挂罗，栏密花牙，雕刻十分精美。

现在我们来到了久照亭后院，它有碑廊、潜花厅、拜主室，旁连外来朝圣者住室。厅内悬有乾隆时武状元哈攀龙书"清真流光"挂匾，并有明代吕纪、蓝瑛的山水，清代郑板桥的墨竹等名家书画。后院主要功用为生活用房，有井亭，其水清而甘，乃蟠龙九井之一。

巴巴寺，寺中有林，林中有园，园中有亭榭。巴巴寺不仅是伊斯兰教圣地，而且是伊斯兰教建筑艺术及其特色砖雕的一颗明珠。

好了，小王先向大家介绍到这里。现在大家可以自由参观游览，一个小时后在大门口集合，我带各位在餐厅体验清真大餐。

实训练习

一、阅读范文、释难解疑

首先，在教师指导下，阅读巴巴寺伊斯兰教旅游景区（点）简介和讲解词范文，熟悉景区（点）的概况。

其次，将范文中的"胸藏三教之书而不以文名，艺精百家之奇而不以技称"进行摘录阅读，并解释其用到了哪些修辞手法。

最后，参照范文，根据自己的讲解特点和表达习惯，将范文做梳理与微调；选择适当的讲解技巧，将范文转化为适合自己讲解风格的解说词，完成对巴巴寺伊斯兰教旅游景区（点）的讲解练习。

二、分解练习、循序渐进

首先，朗读范文，规范读音，理顺语句词汇，运用恰当的讲解方式和技巧，完成对巴巴寺伊斯兰教旅游景区（点）的口头讲解初期练习。

其次，对巴巴寺伊斯兰教旅游景区（点）范文中的地理位置、以巴巴寺为代表的伊斯兰教园林艺术等进行了解，做到巧记熟记，不能出错。

再次，讲解时要求声音洪亮、吐字清楚，普通话标准流畅、语速适当。

然后，根据巴巴寺伊斯兰教旅游景区（点）的特点，决定是否需要讲解器等辅助设备。

最后，分段落记忆与背诵，反复多次模拟讲解练习，逐步完成对巴巴寺伊斯兰教旅游景区（点）的流畅讲解，直至达到"考核评价"的要求。

★活动三　考核评价

将学生分成若干个小组，每组六人，一人担任讲解员，其他人扮演游客，进行模拟讲解实训训练，组内成员轮流担任模拟讲解员。模拟讲解完毕后，成员填写"任务评价"表格。

【任务评价】

评价项目	自我评定	小组评定	教师评定
仪容仪表（10）			
礼节礼貌（15）			
语音语调（10）			
口头表达（20）			
体态语言（10）			
讲解内容（20）			
讲解技巧（15）			
总评（等级评定）			
等级评定：优（90分以上）　良（80～89分）　中（70～79分）　合格（60～69分） 　　　不合格（60分以下）			

【实训心得】

_____

_____

_____

_____

任务十　哈尔滨圣索菲亚大教堂基督教旅游景区（点）讲解实训

★ 活动一　课前预习

一、基督教旅游代表性景点——哈尔滨圣索菲亚大教堂基督教旅游景区（点）简介

哈尔滨圣索菲亚大教堂（Saint Sophia Cathedral in Harbin）位于中国黑龙江省哈尔滨市道里区透笼街59号，是一座典型的拜占庭式东正教教堂。设计者为俄国建筑设计师科亚西科夫。整座教堂为庭式建筑，中央一座主体建筑有个标准的大穹窿，红砖结构，巍峨宽敞，通高53.35米，占地面积721平方米。教堂平面设计为东西向拉丁十字，墙体全部采用清水红砖，上冠巨大饱满的洋葱头穹顶，统率着四翼大小不同的帐蓬顶，形成主从式的布局，错落有致。四个楼层之间有楼梯相连，前后左右有四个门出入。正门顶部为钟楼，七座响铜铸制的乐钟恰好是七个音符，由训练有素的敲钟人手脚并用，敲打出抑扬顿挫的钟声。

　　为保护国家历史文物，1997 年 6 月，哈尔滨市人民政府决定对圣索菲亚大教堂广场实施综合整治。修复后的圣索菲亚大教堂上高耸入云的金色十字架与红砖绿顶相辉映，显示出教堂主体巍峨壮美的气势。

　　圣索菲亚大教堂内部现作为 "哈尔滨市建筑艺术博物馆（Harbin Architectural Art Gallery）" 对公众开放。《哈尔滨城市建设规划展》在馆内展出，共分 "历史名城" "建设历程" "规划明天" 三个部分，系统展示了哈尔滨的历史文化名城风貌以及现代化大都市的风采。城市建设规划展示馆建设工程于 2001 年 7 月 1 日竣工对外开放。地下展馆总建筑面积 3972 平方米，是哈尔滨市首次建设的现代化展馆，共分展览、演示、接待、办公、沙盘控制、展品贮备等六个区域。位于展馆中央的是 1∶600 的哈尔滨城市建设规划沙盘，总面积 396 平方米，表现市区面积 142.56 平方千米，涵盖了南岗区、道里区、道外区、动力区、香坊区五个行政区域。

二、实训前的准备

物质准备：讲解证、导游旗、随身包、记事本、哈尔滨圣索菲亚大教堂基督教旅游景区（点）游览图、便携式讲解器、遮阳伞（雨伞）等。

心理准备：充满自信，告诉自己一定能完成接待任务，坚定吃苦耐劳的信念，了解游客的需求，分析哈尔滨圣索菲亚大教堂基督教旅游景区（点）的哪些方面游客最感兴趣，熟悉哈尔滨圣索菲亚大教堂基督教旅游景区（点）的讲解词范文。

形象准备：干净的头发、大方得体的衣着、轻便且易于行走的鞋，男士不得留胡须，女士不得化浓妆，不留长指甲。

仔细核实接待计划，根据客人的特点选择适合的讲解风格。

★ 活动二　讲解词范文赏析及讲解实训练习

📖 模拟范文赏析

哈尔滨圣索菲亚大教堂基督教旅游景区（点）讲解词

各位游客，大家好！欢迎您来到哈尔滨圣索菲亚大教堂。现在展现在您面前的就是圣索菲亚教堂。也许很多游客会感到好奇：教堂名字中的"索菲亚"是什么意思呢？"索菲亚"在希腊语中是"智慧"的意思。而我们中国的哈尔滨圣索菲亚大教堂是由俄国的建筑设计师克亚西科夫主持设计的。大教堂气势恢宏，精美绝伦，是拜占庭式建筑的典型代表。那么，为何能在哈尔滨修建这样一座大教堂呢？因为在 20 世纪初，随着中东铁路的建成通车，哈尔滨迅速成为中国近代一座有国际影响的北方大城市，华洋杂处，商贾云集，东正教空前发展，建立了许多教堂。矗立在我们面前的圣索菲亚大教堂就是其中最具有代表性的一座。1903 年，沙俄军队侵入了哈尔滨。为了稳定远离家乡士兵的军心，1907 年，破土动工建造圣索菲亚教堂，当年一座全木结构的教堂落成，用作该步兵师的随军教堂。随着东正教教徒人数的增加，1923 年 9 月圣索菲亚教堂在现址进行了重建。经过长达九年的精心施工，一座富丽堂皇、典雅超俗的建筑精品竣工，改为清水红砖、绿色圆顶的拜占庭式建筑。现在，我们看到的是修复后的教堂，它与当年教堂保持了一致的风格。

大家请看，眼前的圣索菲亚大教堂，主穹顶和四个小帐篷顶及后屋顶共有六个十字架。十字架通过类似洋葱头状球体与主穹顶相连，与帐篷顶或屋顶相连接，球体下方过渡为圆柱体，还加装莲花座。十字架通体是金黄色，与绿色的穹顶、帐篷顶互相映衬，使整个教堂愈发显得雄伟恢宏、高贵典雅。

在教堂周围辟建的这座敞开式文化休闲广场总面积为 6648 平方米，具有中世纪的建筑风格。地面以花岗岩为主硬铺装，广场南北两侧设有块状绿地，广场内的每一件饰物，大到广场绿化树木，小到座椅、围栏、灯饰都采用欧式风格设计，与教堂交相辉映，具有浓郁的欧式风情。

好了，各位游客，接下来我们就要进入里面参观了。在进入教堂前我先给各位提个醒：入内参观时请务必保持安静。现在就请您迈过台阶，随我进入教堂参观吧。

进入教堂大门，我们抬头就可以感受到圣索菲亚大教堂曾经的饱经沧桑。因为曾经的教堂周围民宅林立，店铺接踵，教堂内部曾作为材料仓库，木制品、易燃品堆积如山，火灾隐患严重。为了改变这种状况，1997 年 5 月，哈尔滨市政府做出了修复圣索菲亚大教堂的决定。我们现在在门厅两旁看到的石碑上记录的是当年修复大教堂的纪略要事以及捐赠款项的相关情况。现在的圣索菲亚大教堂已经以哈尔滨市建筑艺术馆的新名字重新进入了大家的生活，焕发出了新的活力。

请大家随我移步向前，现在我们来到的就是教堂的内部景观区了。教堂的内部景观在一定程度上表现了君士坦丁堡的索菲亚教堂的苍穹顶气氛。教堂巨大的苍穹顶构成了极其宏伟壮观的空间轮廓。您现在从大厅中央向上望去，可以看见圣索菲亚大教堂的篷顶以主穹顶为轴心，分布于主穹顶的前、后、左、右。四个帐篷大小不一，装饰十分精美，与主穹顶形成了主从结构。由若干连续拱券托起的篷顶，特别是"帐篷顶"上的火焰形尖券，以惯用的篷顶冠戴小洋葱头式苍穹而结束的设计法，既衬托出大穹顶的雄浑气势，又突出反映了整个外墙体华丽多彩的细部。

圣索菲亚大教堂共有"一主两辅"三处唱诗台，我们现在看到的是教堂的主唱诗台。它位于正门门厅中间，由左侧楼梯可以上去，与左侧小唱诗台有走廊相连。主唱诗台的前面敞开，其他方向以墙面、屋顶进行封闭，面积约 20 平方米，可容纳多人。

处于两侧耳门门厅上的是辅唱诗台，与两处小圣所相对，兀然突出在半空中，成为二层平台，给大厅硕大的空间平添了一个层次。不过它作为教堂的唱诗台的功能现在已经消失了。唱诗台上是哈尔滨的城市规划沙盘，墙壁上全都是哈尔滨城市的老照片了。

今天的圣索菲亚大教堂里面已经没有牧师，也不再做礼拜了，它只作为独特的建筑来展示哈尔滨的风景。1997 年 5 月，圣索菲亚大教堂改建成哈尔滨市建筑艺术馆后进行了内部改建，通过展示近千幅图片和城市规划沙盘，反映了名城哈尔滨过去的历史、现在的状况与未来的展望。展览馆中主要展示哈尔滨市的历史文化和独特的建筑艺术。现在展厅内举办的是"哈尔滨老照片展"，共分"城市童年""旧时风貌""社会掠影"三个部分，以城市发展历程为主线，系统地展示 1946 年哈尔滨解放以前城市发展沿革、街道建筑景观、风俗民情及相关的背景内容。展览以图片为主，总计近 400 张老照片，是从收集到的 1500 余幅历史珍贵照片中精选而出的，其中清朝及民国时期照片 200 余幅。这些照片向大家介绍了哈尔滨这座城市从早期小渔村嬗变发展成现代城市雏形的过程。

尽管如此，这座精美独特、宏伟壮观的大教堂仍吸引着国内外各方人士对她的关注。她依然以独有的魅力和丰富的内涵迎接着每一位来访的游客。

眼前的这个展厅里有近 400 张很有价值的老照片，为了能让大家更好地了解这座城市从早期小渔村嬗变发展成城市雏形的整个过程，我的讲解就暂告一段落，给大家半个小时的时间仔细参观和拍照。参观完后，请大家在这里集合，我们将继续参观下一个景点。谢谢大家！

实训练习

一、阅读范文、释难解疑

首先，在教师指导下，阅读圣索菲亚大教堂简介和讲解词范文，熟悉景区（点）的概况。

其次，将范文中提到的基督教派别进行了解并归类整理。

最后，参照范文，根据自己的讲解特点和表达习惯，将范文做梳理与微调；选择适当的讲解技巧，将范文转化为适合自己讲解风格的解说词，完成对圣索菲亚大教堂基督教旅游景区（点）的讲解练习。

二、分解练习、循序渐进

首先，朗读范文，规范读音，理顺语句词汇，运用恰当的讲解方式和技巧，完成对圣索菲亚大教堂基督教旅游景区（点）的口头讲解初期练习。

其次，对圣索菲亚大教堂基督教旅游景区（点）范文中的地理位置、拜占庭式建筑等进行了解，做到巧记熟记，不能出错。

再次，讲解时要求声音洪亮、吐字清楚，普通话标准流畅、语速适当。

然后，根据圣索菲亚大教堂基督教旅游景区（点）的特点，决定是否需要讲解器等辅助设备。

最后，分段落记忆与背诵，反复多次模拟讲解练习，逐步完成对圣索菲亚大教堂基督教旅游景区（点）的流畅讲解，直至达到"考核评价"的要求。

★ 活动三　考核评价

将学生分成若干个小组，每组六人，一人担任讲解员，其他人扮演游客，进行模拟讲解实训训练，组内成员轮流担任模拟讲解员。模拟讲解完毕后，成员填写"任务评价"表格。

【任务评价】

评价项目	自我评定	小组评定	教师评定
仪容仪表（10）			
礼节礼貌（15）			
语音语调（10）			
口头表达（20）			
体态语言（10）			
讲解内容（20）			

续表

评价项目	自我评定	小组评定	教师评定
讲解技巧（15）			
总评（等级评定）			
等级评定：优（90分以上）　良（80～89分）　中（70～79分）　合格（60～69分） 　　　　　不合格（60分以下）			

【实训心得】

_____

_____

_____

_____

任务十一　成都平安桥天主教堂基督教旅游景区（点）讲解实训

★ 活动一　课前预习

一、基督教代表性旅游景点——成都平安桥天主教堂基督教旅游景区（点）简介

成都安平桥天主教堂建成于1904年，也就是清光绪年间。当家神父骆书雅用了约10年时间才建成。平安桥历经第二次世界大战和"文化大革命"时期的破坏，得以幸存，实属不易。它是中国唯一一座中西式合璧的天主教堂建筑。建成后这一百年内，除墙面粉刷外，没有经过一次大规模维修，是成都市目前尚存不多且较为完整的传统建筑。

二、实训前的准备

物质准备：讲解证、导游旗、随身包、记事本、成都平安桥天主教堂基督教旅游景区（点）游览图、便携式讲解器、遮阳伞（雨伞）等。

心理准备：充满自信，告诉自己一定能完成接待任务，坚定吃苦耐劳的信念，了解游客的需求，分析成都平安桥天主教堂基督教旅游景区（点）的哪些方面游客最感兴趣，熟悉成都平安桥天主教堂基督教旅游景区（点）的讲解词范文。

形象准备：干净的头发、大方得体的衣着、轻便且易于行走的鞋，男士不得留胡须，女士不得化浓妆，不留长指甲。

仔细核实接待计划，根据客人的特点选择适合的讲解风格。

★ 活动二　讲解词范文赏析及讲解实训练习

📖 模拟范文赏析

成都平安桥天主教堂基督教旅游景区（点）讲解词

　　各位游客，大家好！欢迎大家来到成都平安桥天主教堂。平安桥位于成都市平安桥街。它建成于 1904 年，也就是清光绪年间。当家神父骆书雅用了约 10 年时间建成。平安桥历经第二次世界大战和"文化大革命"的破坏，得以幸存，实属不易。它是中国唯一一座中西式合璧的天主教堂建筑。建成后这一百年内，除墙面粉刷外，没有经过一次大规模维修，是成都市目前尚存不多且较为完整的传统建筑。

　　平安桥教堂是典型的中西合璧的木结构建筑，前面是经堂，后面是主教公署，层层递进。在这里既能找到我们熟悉的传统中国建筑的飞檐、廊柱、瓦当、滴水，又有欧洲建筑的弧形穹顶、彩玻、拱形窗面。中国的直线和西式的圆弧被结合得恰到好处。是什么能让中西文化浑然一体呢？我想，一个细节足以说明一种无形的力量。请大家随我去看看主教会客厅对面那排新筑起来的小木屋。现代的木质房屋刻意辅之以中式的斜坡屋顶，你能感知到什么叫作渗透，因为它如此协调地镶嵌在周围四坡顶的建筑群之中，体态鲜活又毫无突兀感，一个细小之处可以预见一座沧桑建筑指日可待的健康肌体。

　　整个建筑群呈现十字形，有浓厚的宗教色彩。我觉得比较好玩的是支撑主建筑的大柱子，它们围绕主建筑四周分布，撑起整个屋宇，形成四通八达的走廊。粗看起来它们和我们中式房屋的柱子没有什么分别，不过它们的底座呈四方形，而且特别高，让我立刻联想到希腊帕提农神庙那些闻名遐迩的廊柱。

庄严的"圣母无染原罪堂"为拜占庭式建筑，主教公署为庭院式的中式造型，两者中西合璧的结构独具特色。之前由于年久失修，已有些破旧，从 2003 年起进行加固维修，先后费时一年，耗资近 240 万元，于 2005 年竣工。它历史悠久，外观朴实，内部宽敞，辉煌壮丽。堂内装饰华丽，有色彩斑斓的花窗，以及圣像、圣画等。以往只有加入了教会的信徒才能在这里举行婚礼，现在崇尚欧式婚礼的公众都可以在这里举行婚礼仪式。新娘子可以穿着雪白的婚纱，与心爱的人踏入殿堂，举办一个充满浪漫色彩的婚礼。

教堂附近的文化广场包括露天的音乐厅，广场内沿街面将新建一幢呈"厂"字形结构的三层建筑。建筑内设有别具欧洲风情的饮食区和咖啡厅，并定期举办表演，供游客观赏。另外，在圣诞节、万圣节等节日里，这里还要举办丰富的礼节活动。

📖 实训练习

一、阅读范文、释难解疑

首先，在教师指导下，阅读成都平安桥天主教堂基督教旅游景区（点）简介和讲解词范文，熟悉景区（点）的概况。

其次，了解除成都平安桥天主教堂以外的四川其他基督教教堂，并归类整理。

最后，参照范文，根据自己的讲解特点和表达习惯，将范文做梳理与微调；选择适当的讲解技巧，将范文转化为适合自己讲解风格的解说词，完成对成都平安桥天主教堂基督教旅游景区（点）的讲解练习。

二、分解练习、循序渐进

首先，朗读范文，规范读音，理顺语句词汇，运用恰当的讲解方式和技巧，完成对成都平安桥天主教堂基督教旅游景区（点）的口头讲解初期练习。

其次，对成都平安桥天主教堂基督教旅游景区（点）范文中的地理位置、基督教弥撒仪式等进行了解，做到巧记熟记，不能出错。

再次，讲解时要求声音洪亮、吐字清楚，普通话标准流畅、语速适当。

然后，根据成都平安桥天主教堂基督教旅游景区（点）的特点，决定是否需要讲解器等辅助设备。

最后，分段落记忆与背诵，反复多次模拟讲解练习，逐步完成对成都平安桥天主教堂基督教旅游景区（点）的流畅讲解，直至达到"考核评价"的要求。

⭐ **活动三　考核评价**

将学生分成若干个小组，每组六人，一人担任讲解员，其他人扮演游客，进行模拟讲解实训训练，组内成员轮流担任模拟讲解员。模拟讲解完毕后，成员填写"任务评价"表格。

【任务评价】

评价项目	自我评定	小组评定	教师评定
仪容仪表（10）			
礼节礼貌（15）			
语音语调（10）			
口头表达（20）			
体态语言（10）			
讲解内容（20）			
讲解技巧（15）			
总评（等级评定）			
等级评定：优（90分以上）　良（80～89分）　中（70～79分）　合格（60～69分）　不合格（60分以下）			

【实训心得】

_____

_____

_____

_____

模块四　古街（镇）、博物馆旅游景区（点）讲解员实训

模块目标

知识目标

★ 了解古街（镇）、博物馆相关基础知识、历史来源、文化典故、民俗风情

★ 掌握代表性景区（点）讲解的基本特征和讲解技巧

能力目标

★ 能正确、熟练运用讲解技巧，对古街（镇）、博物馆景区（点）进行对客讲解服务

★ 要学会欣赏古街（镇）、博物馆之美，并懂得将这种美以一种独有的语言加以诠释，从而使更多的游客能够领略古镇历史和古街风情

★ 有针对性地展开讲解技能的训练和学习，培养学生优秀的服务技能和讲解技巧

情感目标

★ 培养学生积极向上的宣传古街（镇）、博物馆文化的思想，树立正确宣传、热爱家乡本土文化的意识

★ 使用规范、正确的礼仪引导、宣传古街（镇）及博物馆文化

模块描述

新手的囧事

　　小张一行十人到成都黄龙溪古镇旅游，当地讲解员小王前去接待。因为是第一次接到团队，小王也没有什么准备。接到客人后，只是大致简单介绍了古镇概况，就开始见到什么说什么。客人对古镇的历史很感兴趣，但是小

王却怎么也讲不清楚，只是把大家带到桥头后就让客人们上船喝茶，大家纷纷表示没有兴趣，建议自由活动。于是小王只好无奈安排大家一个半小时后在门口集合。作为讲解员的小王感觉自己很窘迫……

新手囧事的原因分析

本故事里面，讲解员小王的准备工作显然做得不够充分。在古街（镇）旅游讲解中，讲解员必须要对古街（镇）的历史来源、文化典故、民俗风情等知识有充分的了解，并且应懂得欣赏古街（镇）、博物馆之美，更要懂得将这种美以一种独有的语言加以诠释，从而让游客能领略古镇历史和古街风情。讲解员只有做好了这些准备，才可以提高讲解质量，引发客人的旅游兴趣，让客人领略不一样的古街（镇）文化。

艺海拾贝

朱光潜先生在《无言之美》一书中提到："言有尽而意无穷。"无穷之意达之以有尽之言，所以有许多意尽在不言中。美，不仅是美在已表现的一部分，尤其是美在未表现而含蓄无穷的一大部分，这就是所谓无言之美。中国文化的博大精深，汉语的欲言又止、尽在不言中的境界在中国的楹联、匾额中表现得淋漓尽致。

一、匾额、楹联基础知识

匾额因多悬挂于建筑的上方而得名，可谓中国古建筑的独特符号。皇家宫廷建筑大气、庄严，造就的是一大批褒奖德政的官匾；地方富绅的园林宅基，其匾额以雅致居多，彰显本土文人匾文特征，有着饱经儒学的民俗厚重感；而一般民众的建房匾或祝寿匾则完全按照民俗民风的约定习惯制作。

匾额多以木刻为主，边框往往装饰有雕刻纹，再加上优美的书法和精湛的雕刻艺术以及漆艺，使观者无不肃然起敬，受益匪浅。真正意义上的匾额起源于周秦时期。历史记载，三千多年前周文王建台礼天，榜名"灵台"，这就是最早的匾额。《后汉书·百官志》云："皆扁表其门，以兴善行。"该句中的"扁"就指匾额。

与匾额相对应的是楹联。楹联是指悬挂在房屋大门两侧柱子上或房屋大厅内墙壁上的对联。楹联字数不限，讲究词性、对仗、音韵、平仄、意境情趣，是诗词的演变。楹联起源于五代时期，通常为竖式。联语字数不限，但要求对仗、工稳、押韵，与匾额遥相呼应。相传最早一副楹联始于五代后蜀，孟昶在寝门桃符板上题"新年纳余庆，佳节号长春"一句。

匾额、楹联，特别是名联、名匾，不但使景观添色，而且发人深思。岳阳楼何绍基的 102 字长联，昆明大观楼的 180 字长联，状景、写情、辞藻、对仗、书法、境界等都值得称道，其本身就是一件艺术品。在古代建筑中，随处可见匾额和楹联，它们往往装饰在建筑物最显眼的地方，犹如画龙点睛一般，与古建筑交相辉映。

二、匾额、楹联讲解注意事项

如何在古街（镇）、博物馆景区（点）讲解楹联、匾额时，让这无言的美通俗易懂，又体现文化品位，并让不同层次的游客都有收获，是对讲解员的一大挑战。在讲解匾额、楹联时的注意事项如下。

（一）匾额、楹联的阅读顺序

通常悬挂在厅堂上方的为"匾"，镶嵌在门楣上方的是"额"；或者说横挂的为匾，竖悬的为额。张挂对联的传统做法还必须直写竖贴，自右而左，由上而下，不能颠倒。在讲解过程中，讲解员要特别注意其阅读顺序与现代汉语是不同的以免出错。此外，与对联紧密相关的横批可以说是对联的题目，也是对联的中心。好的横批在对联中可以起到画龙点睛、相互补充的作用。

（二）内容的准确性

匾额是建筑的名片，匾额上的字数多为四、三、二字，也有更多字数的；书法以楷书、行书为主。文字虽少，但隽永经典的词语却富含深奥含蓄的寓意。匾身一般含有题词匾文和款识。款识中包括题匾者、受匾者、立匾者及立匾时间，有时还有身处高位的题匾者的印章。因此，匾额、楹联的讲解绝非只是字面意思的讲解。讲解员只有首先弄清楚内容的出处、题匾人的概况、相关的历史文化背景等，才能真正做到有的放矢，才能真正讲出一副匾额或对联放在此处的妙处。

（三）突出诗文、书法雕刻、绘画篆印三度审美

匾额的制作流程是民间综合性技艺的展示，其制作技艺经长期的积累与演变，形成了融辞赋诗文、书法雕刻、绘画篆印等多种艺术形式于一身的特点，是中国文辞之美与工艺之美的集大成者。一块优秀的匾额不仅可以令人欣赏到凝练而传神的题词，而且完美地再现了书法家俊逸的书法，同时还雕琢出细致精美图案系列，是语言艺术、书法艺术、绘画雕刻艺术的三度审美，具有极高的艺术价值、文化价值、社会价值和历史价值。在讲解的过程中，讲解员可根据游客的具体情况突出某一种审美，加深游客对景点的深层次体验。

（四）准确断定楹联的上下联

判定楹联的上下联，除了从联文的内容中去辨别，更为重要的是从联文字尾的平仄声去判定。对联严格规定上联末字用仄声，下联末字用平声。后人称这种规则

为仄起平落。对联一般都是竖写，上联末字（仄声）贴在右边（上手），下联末字（平声）贴在左边（下手）。因此，一般情况下，右边的为上联，左边的为下联。

（五）"错字"的艺术

古徽州西递村落徽商家里的一副错字联被称为西递第一联。联文为"快乐每从辛苦得，便宜多自吃亏来"。然而，在字面上，上联的"快"字上少了一竖，"辛"字上则多了一横，意为少一些快乐，多一分辛劳；下联的"多"字少了一点，"亏"字多了一点，寓意"多一分辛苦，多一分收获，多吃一点小亏，可赚大便宜"。这副对联告诫后人做人要勤奋、厚道。细细品味真是字字如金。像这样在楹联和题匾方面多一笔、少一笔的"错字"艺术在中国的楹联和匾额中比较常见，这类字可统称为异体字。如何恰当地给游客讲解这些异体字，让游客明白"多一横少一点"的深意与景点的关系是非常必要的。比如，济南"大明湖"碑的"明"字，写的是"目月"之"明"，这多出的一笔恰在表明，大明湖就如济南的眼睛。杜甫有"济南名士多"的诗句，故给历下亭的"名士轩"题匾时，书写者在"名"上多加了一点，"士"上多加了两点，意在期望济南的"名士"多一点，再多一点。

（六）楹联的断句问题

准确断句有助于欣赏楹联，准确把握作者深意。楹联的书写是没有标点符号的，因此，一些长联的断句问题就成了讲解员的难题。八个字以上的楹联就有断句问题了。十一字以上的楹联有时断句就有些困难。一百字以上的长联要断句更不是件容易事。因此，如何断句成了讲解的难题。

断句的关键是弄懂联意，但弄懂联意有时得花工夫。第一步就要反复诵读，多读几遍，熟了，有些地方的意思就可以悟出来。用典较多或地方色彩较浓的对联，光诵读不解决问题，还要翻资料，查工具书，向他人请教。通过这些方法把联意弄懂了，句就可以断下来了。

断句还有些辅助手段。一是利用对联交代写作背景或意图的题跋的启示。二是将上下联的结构互相参照。有时候，一联某个部分的句不好断，而另一联相应部分的句应怎么断则很明显。在这种情况下，我们就可以参照容易断句的那一联的结构，去为难以断句的部分断句。三是利用声义关系。有些字有多个读音，可以变读，例如：

云朝朝朝朝朝朝朝朝散

潮长长长长长长长长消

这副题于温州江心屿的对联，上联中连用八个"朝"字，下联中连用八个"长"字。若从"朝"可读为 zhāo（朝夕之朝）和 cháo（朝拜之朝，或涨潮之潮），"长"可读为 zhǎng（增长之长）和 cháng（长短之长）上去考虑，句就不难断出来了。有时候，同一副对联由于理解不同，断句也不完全一致，这就更增添了讲解的趣味性。

（七）匾额、楹联讲解的手势美及音律美

在实际的讲解过程中，手势等肢体语言的加入可以将游客更快地带入情境。讲解员如何做手势无定式，但是有一条基本原则，那就是不夸张，不影响整体的讲解。肢体语言是讲解员在实际讲解过程中自然而然的一种真情流露。适当的手势配合抑扬顿挫的语音语调可以为游客营造出古典语言的音律美。

三、与匾额、楹联相关的建筑——碑刻

刻上文字，用以纪念或记叙某事物的石头，称之为"碑"。而刻在碑上的文字或图画，称之为"刻"。

明代明确规定，五品以上官员死后可以立碑，五品以下七品以上官员只能立一种上圆下方、形状像碑的石条，称之为"碣"。碑与碣的重要区别在于碑大多有"碑帽"，即在碑的上方雕刻有一种装饰物，而碣没有装饰物，只有一个半圆形的石材本体。

在游览时，我们常可以看到皇帝题写的碑文。这种碑体的特征是碑身高大，并有龙纹碑帽，文中落款处有"御笔"二字，同时盖有皇帝的印章。印章往往印在碑文的正上方。普通人题刻的碑文绝不能用龙纹碑饰。

正如《晋阳宝翰》的主编吴国荣先生所说："一个城市的品位标志，从大的方面来讲，体现在谋篇布局、规划建筑上；从细微处来讲，则体现在建筑门面的书法楹联、牌匾题名上，所以城市要注重这'写出来'的文化风景。"

这些"写出来"的风景有的在风景名胜，有的在民居宅院，有的在名人故里，有的在历史感厚重的古镇、古街和博物馆里……匾额和楹联的题写和悬挂对美化建筑有着非常重要的意义。它除了借景抒情，表达主人的情趣外，还有的是按皇帝的旨意来承办的。在游园时，我们常可以看到有的匾额上带有"敕"字，那就说明该匾是奉皇帝的旨意制作的；也有的匾是皇帝亲自题写的，这样的匾对园林主人来说应该是莫大的荣耀，因而常常被悬挂在园林中最为显著的地方。

楹联、匾额是中国传统文化的产物，是中国文字最简练的结晶和汉文化的高度概括。它们带来一个城市的历史与记忆，在沧桑中渗透着无言之美。这种绝代风华的表现形式不仅蕴含了文人骚客的艺术创作，还汇合了民间制匾艺人的熟练技艺和辛勤劳动，是这种结合了文人与匠人双重优势的技艺形式，将汉语言之美发挥到了极致，如同清代李渔对匾的评价那样："眼前景，手中物，千古无人计及。"

如今这些匾额、楹联和碑刻连同古镇、古街和博物馆一起，依然无声无息地立在那里，接受岁月的剥蚀。当你走近它，就会感受到一种强大的精神包围着你，感染着你，使你不由自主地就接受了这种感染，这就是中国几千年的文明之美。这种

感觉或许可以永远地留在人的记忆里，久久不会褪去。

模块任务

本模块主要针对"古街（镇）、博物馆旅游景区（点）"的讲解员讲解实训练习，力求使学生通过对本模块的学习，能够完成以下任务。

任务一：能掌握古街（镇）、博物馆旅游景区（点）的基础知识，并完成【任务评价】和【实训心得】的填写。

任务二：能参照浙江南浔古镇旅游景区（点）的模拟讲解词范文，完成对浙江南浔古镇旅游景区（点）的讲解，并完成【任务评价】和【实训心得】的填写。

任务三：能参照成都黄龙溪古镇旅游景区（点）的模拟讲解词范文，完成对成都黄龙溪古街（镇）旅游景区（点）的讲解，并完成【任务评价】和【实训心得】的填写。

任务四：能参照成都平乐古镇旅游景区（点）的模拟讲解词范文，完成对成都平乐古镇旅游景区（点）的讲解，并完成【任务评价】和【实训心得】的填写。

任务五：能参照拉萨八廓街古街旅游景区（点）的模拟讲解词范文，完成对拉萨八廓街古街旅游景区（点）的讲解，并完成【任务评价】和【实训心得】的填写。

任务六：能参照成都宽窄巷子古街旅游景区（点）的模拟讲解词范文，完成对成都宽窄巷子古街旅游景区（点）的讲解，并完成【任务评价】和【实训心得】的填写。

任务七：能参照成都锦里古街旅游景区（点）的模拟讲解词范文，完成对成都锦里古街旅游景区（点）的讲解，并完成【任务评价】和【实训心得】的填写。

任务八：能参照北京故宫博物院旅游景区（点）的模拟讲解词范文，完成对北京故宫博物院旅游景区（点）的讲解，并完成【任务评价】和【实训心得】的填写。

任务九：能参照自贡恐龙博物馆旅游景区（点）的模拟讲解词范文，完成对自贡恐龙博物馆旅游景区（点）的讲解，并完成【任务评价】和【实训心得】的填写。

任务十：能参照成都武侯祠博物馆旅游景区（点）的模拟讲解词范文，完成对成都武侯祠博物馆旅游景区（点）的讲解，并完成【任务评价】和【实训心得】的填写。

任务十一：能参照成都杜甫草堂博物馆旅游景区（点）的模拟讲解词范文，完成对成都杜甫草堂博物馆旅游景区（点）的讲解，并完成【任务评价】和【实训心得】的填写。

任务十二：能参照成都金沙遗址博物馆旅游景区（点）的模拟讲解词范文，完成对成都金沙遗址博物馆旅游景区（点）的讲解，并完成【任务评价】和【实训心得】的填写。

任务一　古街（镇）、博物馆旅游景区（点）的基础知识

★活动一　课前预习

1. 学生通过报纸、杂志、网络等收集关于自己家乡或自己熟知的古镇、古街、博物馆旅游景区（点）的相关资料。

2. 学生通过筛选材料，尝试独立完成一篇讲解词。

3. 想一想：作为景区（点）讲解员，在讲解此类旅游景区（点）时可以从哪些方面切入？

★活动二　知识学习

一、古街（镇）的定义

古街（镇）是指具有百年以上历史，具有独特历史文化和发展历程，并且保存较为完整的古建筑、古民风、古文化等特色的建制镇、村落或街道。一般情况下，古街与古镇是并存的。古街作为古镇的一部分而存在，是我国传统文化的一种传承和记载，是一种重要的历史文物。但凡有名气的古镇，它的街道也是非常有特色的，并与古镇的人、事、物和古镇的生活、文化很好地融合，吸引着人们走进古镇，走上古街，去体验当地人的生活方式和风土人情。

二、古镇分类

依据地域特色，我们可以把古镇分为以下几种。

一是小巧精致的水乡古镇。

典型代表：乌镇

二是大家风范的徽派古镇。

典型代表：万安古镇

三是秀丽鲜明的闽粤古镇。

典型代表：黄姚镇

四是清秀灵逸的湘黔古镇。

典型代表：凤凰古城

五是朴实无华的西北古镇。

典型代表：党家村

六是独领风骚的云南古镇。

典型代表：沙溪古镇

七是另类浪漫的川渝古镇。

典型代表：洛带古镇

> **知识链接：**
>
> ### 中国古镇网介绍
>
> 中国古镇网是携程集团旗下专业的古村镇旅游门户网站、目的地整合营销平台。本网站于 2005 年成立，经过七年的发展，已经成功出版《中国古镇游》《中国古村游》《中国古城游》系列丛书，并与《环球时报》、中国新闻社等中央及地方权威媒体深度合作，并与众多知名古镇深度合作，成为游客古镇旅游的第一资讯平台及古镇客栈首选营销平台。

截至 2009 年，被联合国教科文组织列入世界文化遗产名录的中国古镇有平遥古城、丽江古城、皖南古城西递和宏村、开平碉楼与村落。

三、中国十大古街

2009 年 3 月 12 日，"首届中国历史文化名街推介活动"初评会结束，共有拉萨八廓街、北京国子监街等 16 条街道初评入围。接下来，由公众和专家从 16 条初评入围街道中选出 10 个，入选首批"中国历史文化名街"，终评结果于第三个中国文化遗产日（2009 年 6 月 13 日）向全社会公布。它们分别是：拉萨八廓街、苏州平江路、黄山屯溪老街、福州三坊七巷、北京国子监街、哈尔滨中央大街、海口骑楼老街、青岛八大关、平遥南大街、青州昭德古街。

四、博物馆

（一）博物馆的起源和发展

博物馆起源于约公元前 300 年亚历山大港的缪斯（Musaeum）。缪斯专门收藏了古希腊的亚历山大大帝在欧洲、亚洲及非洲的征战中得到的珍品。博物馆的英文"museum"，就是源于希腊语的缪斯"Μονσεγον"。然而，当时的博物馆并不对外开放。具体来说，博物馆现象最初萌发于人们的收藏意识。在 4000 多年前，埃及和美索不达米亚的统治者就注意寻找珍品奇物。公元前 4 世纪，马其顿的亚历山大大帝在建立地跨欧亚非大帝国的军事行动中，把收集和掠夺来的许多珍贵的艺术品和稀有古物交给他的教师亚里士多德整理研究。亚里士多德曾利用这些文化遗产进行教学，传播知识。亚历山大去世后，他的部下托勒密·索托建立了新的王朝，继续南征北战，收集了更多的艺术品。公元前 3 世纪托勒密·索托在埃及的亚历山大城创建了一座专门收藏文化珍品的缪斯神庙。这座"缪斯神庙"被公认为是人类历史上最早的"博物馆"。博物馆一词也就由希腊文的"缪斯"演变而来。

现代意义的博物馆在 17 世纪后期出现。在 18 世纪，英国有一位内科医生汉斯·斯隆，他是个兴趣广泛的收藏家。为了让自己的收藏品能够永远"维持其整体性，不可分散"，他决定把自己将近八万件的藏品捐献给英国王室。王室由此决定成立一座国家博物馆。1753 年，大英博物馆建立，它成为全世界第一个对公众开放的大型博物馆。

（二）博物馆的定义

博物馆又称博物院。对于博物馆的定义，不同的国家有不同的定义。

《简明不列颠百科全书》指出：现代的博物馆是征集、保藏、陈列和研究代表自然和人类的实物，并为公众提供知识、教育和欣赏的文化教育机构。美国博物馆协会认为：博物馆是收集、保存最能有效地说明自然现象及人类生活的资料，并使之用于增进人们知识和启蒙教育的机关。

《苏联大百科全书》指出：博物馆是征集、保藏、研究和普及自然历史标本、物质及精神文化珍品的科学研究机构、科学教育机构。

《日本博物馆法》规定：博物馆是收集、保管（含培育）展示历史、艺术、民俗、产业、自然科学等有关的资料，在考虑到教育性的情况下，向一般公众开放，为提高国民修养、调查、研究、娱乐等开展必要的事业，同时对所收集的资料进行调查研究为目的的机关。

综上所述，博物馆是征集、典藏、陈列和研究代表自然和人类文化遗产的实物的场所，并对那些有科学性、历史性或者艺术价值的物品进行分类，为公众提供知识、教育和欣赏的文化教育机构、建筑物、地点或者社会公共机构。博物馆是非营利性的永久性机构，对公众开放，为社会发展提供服务。

（三）中国博物馆的分类及其基本知识

中国博物馆在 1988 年以前被划分为专门性博物馆、纪念性博物馆和综合性博物馆三类。国家统计局也是按照这三类博物馆来分别统计公布发展数字的。

中国博物馆事业的主管部门和专家们则认为，在现阶段，应参照国际上一般使用的分类法，并根据中国实际情况，将中国博物馆划分为历史类、艺术类、自然与科学类、综合类这四种类型。

1. 历史类

历史类博物馆以历史的观点来展示藏品，如中国历史博物馆、中国革命博物馆、西安半坡遗址博物馆、秦始皇兵马俑博物馆、泉州海外交通史博物馆、景德镇陶瓷历史博物馆、北京鲁迅博物馆、韶山毛泽东同志纪念馆、中国共产党第一次全国代表大会会址纪念馆等。

2. 艺术类

艺术类博物馆主要展示藏品的艺术和美学价值，如故宫博物院、南阳汉画馆、广东民间工艺馆、北京大钟寺古钟博物馆、徐悲鸿纪念馆、天津戏剧博物馆等。

3. 自然与科学类

自然与科学类博物馆以分类、发展或生态的方法展示自然界，并以立体的方法从宏观或微观方面展示科学成果，如中国地质博物馆、北京自然博物馆、四川自贡恐龙博物馆、台湾昆虫科学博物馆、中国科学技术馆、柳州白莲洞洞穴科学博物馆等。

4. 综合类

综合类博物馆综合展示地方自然、历史、革命史、艺术方面的藏品，如南通博物苑、山东省博物馆、湖南省博物馆、内蒙古自治区博物馆等。

知识链接:

在外国，博物馆一般被划分为艺术博物馆、历史博物馆、科学博物馆和特殊博物馆四类。艺术博物馆包括绘画、雕刻、装饰艺术、实用艺术和工业艺术博物馆，也有把古物、民俗和原始艺术博物馆包括进去的。有些艺术馆还展示现代艺术，如电影、戏剧和音乐等。世界著名的艺术博物馆有罗浮宫博物馆、大都会艺术博物馆、国立艾尔米塔什博物馆等。历史博物馆包括展示国家历史、文化历史的博物馆，在考古遗址、历史名胜或古战场上修建起来的博物馆也属于这一类。墨西哥国立人类学博物馆、秘鲁国立人类考古学博物馆是著名的历史类博物馆。科学博物馆包括自然历史博物馆，其内容涉及天体、植物、动物、矿物、自然科学，实用科学和技术科学博物馆也属于这一类。英国自然历史博物馆、美国自然历史博物馆、巴黎发现宫等都属此类。特殊博物馆包括露天博物馆、儿童博物馆、乡土博物馆，著名的有布鲁克林儿童博物馆、斯坎森露天博物馆等。国际博物馆协会将动物园、植物园、水族馆、自然保护区、科学中心和天文馆以及图书馆、档案馆内长期设置的保管机构和展览厅都划入博物馆的范畴。

四川有着极其丰富的历史文化资源。在近些年对这些资源的整理和开发中，我们发现了举世瞩目的世界第八大奇迹——广汉三星堆遗址，并在原址建成博物馆。而在四川，能与其媲美的还有成都的金沙遗址博物馆。以历史人物为主题的博物馆有杜甫草堂、武侯祠博物馆等众多享誉国际的国家级博物馆。除此之外，还有以某一文化为主题的博物馆，如四川乌木博物馆、四川竹叶青茶博物馆；表现历史战争事件的博物馆，如成都大邑的建川博物馆等。这些博物馆群星闪耀，共同记载着四川的过去，见证着一件件不可忘却的往事，记录着彪炳千秋的丰功伟业，更重要的是承载着无数劳动人民辛苦的心血和智慧的结晶。

★ 活动三　考核评价

【大讨论】

1. 你知道成都附近的哪些古镇？古镇主要分为哪几类？

2. 博物馆现象最初萌发于什么？

3. 外国博物馆与中国博物馆的分类有哪些不同之处？

4. 四川著名的博物馆有哪些？它们分别属于哪一类型的博物馆？

【任务评价】

评价项目	自我评定	小组评定	教师评定
古镇古街知识（50）			
博物馆知识（50）			
总评（等级评定）			
等级评定：优（90分以上）　良（80～89分）　中（70～79分）　合格（60～69分）　不合格（60分以下）			

【实训心得】

_____

_____

_____

任务二　浙江南浔古镇旅游景区（点）讲解实训

★ 活动一　课前预习

一、古镇旅游代表性景点——浙江南浔古镇旅游景区（点）简介

南浔古镇位于浙江省湖州市南浔区，北面是太湖，东与江苏省交界，距苏州市仅 51 千米，途中还要经过著名水镇同里。南浔名胜古迹众多，与自然风光和谐融化，既充满着浓郁的历史文化底蕴和灵气，又洋溢着江南水乡古镇诗画一般的神韵。南浔建镇已有 700 多年历史，在中国近代史上是罕见的一个巨富之镇。

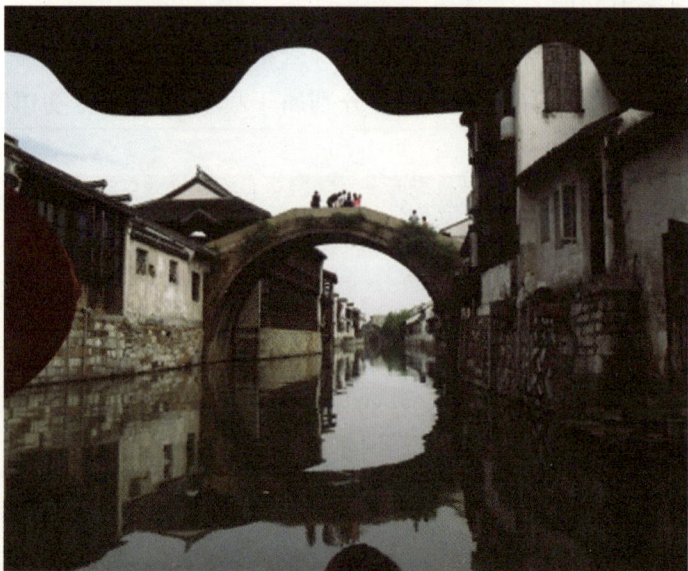

二、实训前的准备

物质准备：讲解证、导游旗、随身包、记事本、浙江南浔古镇景区（点）游览图、便携式讲解器、遮阳伞（雨伞）等。

心理准备：充满自信，告诉自己一定能完成接待任务，坚定吃苦耐劳的信念，了解游客的需求，分析浙江南浔古镇景区（点）的哪些方面游客最感兴趣，熟悉浙江南浔古镇景区（点）的讲解词范文。

形象准备：干净的头发、大方得体的衣着、轻便且易于行走的鞋，男士不得留胡须，女士不得化浓妆，不留长指甲。

仔细核实接待计划，根据客人的特点选择适合的讲解风格。

★活动二 讲解词范文赏析及讲解实训练习

📖模拟范文赏析

浙江南浔古镇景区（点）讲解词

各位游客，大家好！欢迎大家来到中国十大魅力古镇——南浔。我是大家今天的讲解员小张，今天由我来带大家参观南浔古镇。现在我发到大家手里的是南浔景区的门票，这个门票是联票，每进一个景点的时候都要检票，所以希望大家保管好，不要弄丢了。因为是节假日，景区里的游客比较多，大家一定要跟紧我，千万不要走散了。另外，要注意保管好自己的贵重物品，谨防丢失。好的，现在就请大家随我一同进去参观吧。

南浔古镇是南宋时期形成的一个村落，1252 年正式建镇，距今已有 700 多年的历史了，素有"丝绸之府、鱼米之乡"的美誉。全镇总人口约 51 万，面积 716 平方千米，是中国历史文化名镇。

南浔古镇是独具魅力的旅游胜地。南浔古镇名胜古迹众多，与自然风光和谐统一，既充满着浓郁的历史文化底蕴和灵气，又洋溢着江南水乡诗画一般的神韵，而欧陆情调与江南古风的意外并处，相得益彰，使南浔古镇更加引人入胜。通过实施保护老镇区，开拓新镇区，修复小莲庄、嘉业堂等措施，南浔古镇在经济建设的大潮中得以保存了那份原汁原味。南浔古镇景区现为国家 4A 级景区，内有闻名遐迩的江南园林——小莲庄，著名私家藏书楼——嘉业堂，明清水乡建筑——百间楼，江南第一巨宅——张石铭故居，等等。南浔古镇已经成为上海、杭州、苏州、南京等大中城市的后花园，并成为城市居民休闲、度假、疗养、观光游览的最佳胜地。这些景点待会儿我们会一一游览。

大家可以看到，现在我们游览的这条街卖的都是南浔的特产，有橘红糕、定胜糕、野荸荠、大头菜等土特产，还有湖笔、丝绸等工艺品。一会儿自由活动的时候，有兴趣的朋友可以慢慢品尝，慢慢欣赏，觉得好呢，可以带一些回家，跟家人一同分享。

同时，南浔还是中国近代史上罕见的一个巨富之镇。大家知道，中国有将大富豪人家，根据巨额财富的多少以"象"和"牯牛"来称呼的习惯。在这个熙熙攘攘的古镇上，有着号称"四象"的江南四大首富；又有类似《红楼梦》中宁国府、荣国府那样八家公爵似的、号称"八牯牛"的大富之户；还有充满了民间嘲讽意味的、号称"七十二只金黄狗"的豪门、财主。

南浔古镇住宿场所丰富，不但有大酒店，可以让您享受现代、快捷的住宿服务，还有家庭旅馆，可以让您切身体会古镇生活。住宿场所主要分现代宾馆、百间楼古宅、枕河之家三种，其中以百间楼古宅和枕河之家最具古镇特色，是游客住宿的首选。

南浔盛产河鲜，经当地人巧手烹饪，色香味俱全，只怕您品过之后，会欲罢不能。南浔还盛产竹笋，当地人很喜欢吃，其做法十分讲究，花样繁多，到了南浔可不要错过，一饱口福之余，还可长一份见识。说着说着，刚好到了午餐时间，请大家随意参观，15分钟后随我去餐厅，大家可以放开手脚，大快朵颐。谢谢大家！

📖 **实训练习**

一、阅读范文、释难解疑

首先，在教师指导下，阅读南浔古镇旅游景区（点）简介和讲解词范文，熟悉景区（点）的概况。

其次，通过范文中的"湖笔"进行延伸阅读，并调查学习中国的文房四宝有哪些？

最后，参照范文，根据自己的讲解特点和表达习惯，将范文做梳理与微调；选择适当的讲解技巧，将范文转化为适合自己讲解风格的解说词，完成对南浔古镇旅游景区（点）的讲解练习。

二、分解练习、循序渐进

首先，朗读范文，规范读音，理顺语句词汇，运用恰当的讲解方式和技巧，完成对南浔古镇旅游景区（点）的口头讲解初期练习。

其次，对南浔古镇旅游景区（点）范文中的地理位置、风物特产、江南民俗典故等，做到巧记熟记，不能出错。

再次，讲解时要求声音洪亮、吐字清楚，普通话标准流畅、语速适当。

然后，根据南浔古镇旅游景区（点）的特点，决定是否需要讲解器等辅助设备。

最后，分段落记忆与背诵，反复多次模拟讲解练习，逐步完成对南浔古镇旅游景区（点）的流畅讲解，直至达到"考核评价"的要求。

⭐ **活动三　考核评价**

将学生分成若干个小组，每组六人，一人担任讲解员，其他人扮演游客，进行模拟讲解实训训练，组内成员轮流担任模拟讲解员。模拟讲解完毕后，成员填写"任务评价"表格。

【任务评价】

评价项目	自我评定	小组评定	教师评定
仪容仪表（10）			
礼节礼貌（15）			
语音语调（10）			
口头表达（20）			
体态语言（10）			
讲解内容（20）			
讲解技巧（15）			

评价项目	自我评定	小组评定	教师评定
总评(等级评定)			
等级评定:优(90分以上) 良(80～89分) 中(70～79分) 合格(60～69分) 不合格(60分以下)			

【实训心得】

_____

_____

_____

_____

任务三　成都黄龙溪古镇旅游景区(点)讲解实训

★ 活动一　课前预习

一、古镇旅游代表性景点——成都黄龙溪古镇旅游景区(点)简介

　　有着1700余年历史的川西古镇黄龙溪位于成都市双流县。该镇属四川省历史文化古镇及省级旅游风景区。古镇不仅风光秀丽、环境优美,还是驰名中外的天然影视摄影基地。

　　古镇主要特色是古街、古树、古庙、古水陆码头、古建筑和古朴的民风民俗,是国家文化部命名的中国民间艺术(火龙)之乡、国家级环境优美小城镇,素有"影视城""中国好莱坞"之称。黄龙溪古镇内,明清时代的建筑比比皆是,仍然保存完好。红石铺就的街面,木柱青瓦的楼阁房舍,镂刻精美的栏杆窗棂,无不给人以古朴宁静的感受。镇内还有六棵树龄均在千年以上的大榕树,枝繁叶茂、遮天蔽日、雄浑厚重,给古镇更增添了许多灵气。镇内至今还保存有镇江寺、潮音寺和古龙寺三座古庙幽

深的老街，弯弯曲曲的街道两旁有众多小饭店，饭店门前大多飘着一面蓝底白字的酒旗，如"鱼香子""吕回头""唐酥店"等，在风中不停地舞动着招揽着客人。古镇的石磨豆花非常有名，几乎每家都会做，但又各有特色。走过一条街，又见一道巷，脚下光溜溜的青石路，乌黑发亮的门板，古色古香的招牌，无不透着浓浓古意。

二、实训前的准备

物质准备：讲解证、导游旗、随身包、记事本、黄龙溪古镇景区（点）游览图、便携式讲解器、遮阳伞（雨伞）等。

心理准备：充满自信，告诉自己一定能完成接待任务，坚定吃苦耐劳的信念，了解游客的需求，分析黄龙溪古镇景区（点）的哪些方面游客最感兴趣，熟悉黄龙溪古镇景区（点）的讲解词范文。

形象准备：干净的头发、大方得体的衣着、轻便且易于行走的鞋，男士不得留胡须，女士不得化浓妆，不留长指甲。

仔细核实接待计划，根据客人的特点选择适合的讲解风格。

★ 活动二　讲解词范文赏析及讲解实训练习

📖 模拟范文赏析

成都黄龙溪古镇旅游景区（点）讲解词

各位游客朋友们，下午好！欢迎大家来到被誉为"蜀汉第一古镇"的千年古镇——黄龙溪。我是大家今天的随行讲解员小张，今天的旅游由我给大家做向导。古镇位于成都市双流县。远在三国时代，黄龙溪就以交通便利、商贾云集而出名。黄龙溪旅游的精髓就在于一个"古"字。除了历史悠远，它的古街、古庙、古榕树、古衙门、古码头均向慕名至此的游客们诉说着她的千年古韵。

有一首歌唱得好，"敢问路在何方，路在脚下"。我们现在所走的古街，虽然历经1700多年的历史变迁，至今仍保留完整。街面全由青石板铺就，街面平均宽度3.44米，相当于汉代的两驾马车并驾齐驱，可见当时黄龙溪的繁华程度。大家也可以看到，街道两旁的建筑全是木建筑或砖木结构，多为明清建筑。一会儿往前面走，大家也可以观赏到临江傍水而筑的体现古蜀民居"干栏"文化特色的"吊脚楼"。

好了，游客朋友们，现在我们看到的这座气势宏伟、位于正街南首、坐西向东的寺庙就是黄龙溪修建最早、保存最完整的古龙寺了。您别看它门洞低矮，视野狭小，进去你就会发现古龙寺场院宽阔，建筑物错落有致。那古龙寺到底有哪些地方值得我们一游呢，我们进去一探究竟吧！古龙寺以古寺庙、古戏台、古黄桷树"三古"有机结合，相得益彰，成为一大特色。

正门上面就是戏台，又名万年台。据说黄龙溪原来有九个戏台，现在仅存这一个。大家有没有发现这个戏台与标准的戏台有什么不同之处呢？对啦，标准的戏台两旁还有两个类似耳朵的建筑物，名叫耳楼，但是由于场地的限制，这个戏台却没有建造耳楼。在戏台前面，也就是我们现在所站的地方，就是过去人们集会、交易、看戏的院坝。大家不难发现，院坝南北各有一棵黄葛树，据说是已有1700多年的千年古树。北边一株树干分岔处的中央有约二尺见方的小庙，供奉着"黄葛大仙"。传说只要摸摸树身，即可消灾祛病。南边这株古榕树，盘根错节，其下严严实实地包裹着一座小土地庙。这两棵古树在这里呈现出"庙骑树、树裹庙"的奇异景象，堪称天下一绝。黄葛树主要产于我国华南、西南，在气候宜人、雨量充沛的川西地区栽培最佳。其耐寒性使其成为我们川西地区最常用的庭荫树和行道树之一。

不知大家有没有听到寺内正殿不时传来的木鱼敲击声呢？在古龙寺，佛教文化得到了很好的传承，为当地信男善女提供了很好的拜谒场所。寺内装饰独特，菩萨塑像精巧，排列有序。接下来，请跟随我进入寺内，仔细参观这神圣的古龙寺吧。

实训练习

一、阅读范文、释难解疑

首先，在教师指导下，阅读黄龙溪古镇旅游景区（点）简介和讲解词范文，熟悉景区（点）的概况。

其次，将范文中的"古蜀民居"进行调查了解，看看古四川存在着哪些民居形式。

最后，参照范文，根据自己的讲解特点和表达习惯，将范文做梳理与微调；选择适当的讲解技巧，将范文转化为适合自己讲解风格的解说词，完成对黄龙溪古镇旅游景区（点）的讲解练习。

二、分解练习、循序渐进

首先，朗读范文，规范读音，理顺语句词汇，运用恰当的讲解方式和技巧，完成对黄龙溪古镇旅游景区（点）的口头讲解初期练习。

其次，对黄龙溪古镇旅游景区（点）范文中的地理位置、风物特产、古戏台文化、三县衙门等，做到巧记熟记，不能出错。

再次，讲解时要求声音洪亮、吐字清楚，普通话标准流畅、语速适当。

然后，根据黄龙溪古镇旅游景区（点）的特点，决定是否需要讲解器等辅助设备。

最后，分段落记忆与背诵，反复多次模拟讲解练习，逐步完成对黄龙溪古镇旅游景区（点）的流畅讲解，直至达到"考核评价"的要求。

★ 活动三　考核评价

将学生分成若干个小组，每组六人，一人担任讲解员，其他人扮演游客，进行模拟讲解实训训练，组内成员轮流担任模拟讲解员。模拟讲解完毕后，成员填写"任务评价"表格。

【任务评价】

评价项目	自我评定	小组评定	教师评定
仪容仪表（10）			
礼节礼貌（15）			
语音语调（10）			
口头表达（20）			
体态语言（10）			
讲解内容（20）			
讲解技巧（15）			

评价项目	自我评定	小组评定	教师评定
总评（等级评定）			
等级评定：优（90分以上）　良（80～89分）　中（70～79分）　合格（60～69分） 　　　　不合格（60分以下）			

【实训心得】

_____

_____

_____

_____

任务四　成都平乐古镇旅游景区（点）讲解实训

★ 活动一　课前预习

一、古镇旅游代表性景点——成都平乐古镇旅游景区（点）简介

平乐古镇，古称"平落"。据说史前蜀王开明氏时期，平落四面环山的绿色小盆地即因修水利、兴农桑而起聚落而得名。《尚书·禹贡》记载，大禹治水，"蔡蒙旅平，和夷底绩"，将穿镇而过的白沫江用飞沙堰分为"内江"和"外江"，形成一江分三水的独特格局。到公元前150年西汉时期就已形成集镇，迄今已经有2000多年的历史了。

平乐古镇位于成都市西南 93 千米、邛崃市西南 18 千米处，东接临邛、成都，西连雅安、康藏，与水口、油榨、孔明、临济、道佐、火井等镇乡毗邻，素有"一平二固三夹关"的美誉。平乐是国务院六部委 2004 年 2 月命名的全国重点镇和四川省命名的十大古镇之一，也是成都市 30 个重点镇之一，邛崃市 2000 年实施的"一山一城一镇"中的"一镇"。平乐古镇被列为全国历史文化名镇、全国重点镇、全国环境优美镇及成都市"十大魅力城镇"。

二、实训前的准备

物质准备：讲解证、导游旗、随身包、记事本、成都平乐古镇景区（点）导游图、便携式讲解器、遮阳伞（雨伞）等。

心理准备：充满自信，告诉自己一定能完成接待任务，坚定吃苦耐劳的信念，了解游客的需求，分析成都平乐古镇景区（点）的哪些方面游客最感兴趣，熟悉成都平乐古镇景区（点）的讲解词范文。

形象准备：干净的头发、大方得体的衣着、轻便且易于行走的鞋，男士不得留胡须，女士不得化浓妆，不留长指甲。

仔细核实接待计划，根据客人的特点选择适合的讲解风格。

★活动二　讲解词范文赏析及讲解实训练习

📖模拟范文赏析

成都平乐古镇景区（点）讲解词

各位游客，大家好！欢迎您来到美丽的"秦汉古镇·川西水乡"平乐古镇做客！我是你们今天的讲解员小张，今天我将带领各位参观游览平乐古镇。在这里，您将领略到深厚的历史，感受到悠久的民俗文化，欣赏到优美的古镇自然风光。希望您能在此度过一段轻松而美好的时光。

既然平乐古镇有"秦汉古镇·川西水乡"的美誉，那首先让我们来了解一下平乐古镇的来龙去脉吧。平乐古镇历史悠久，早在公元前 150 年西汉时期，这个四面环山的绿色小盆地就因"修水利、兴农桑"而形成集镇，至今已有 2000 多年的历史。古镇母亲河白沫江见证了平乐古镇的历史。平乐古镇"一江分三水"的独特格局，使平乐在白沫江的滋养下，形成了灿烂的历史、民俗文化及独特的建筑风格。平乐古镇特殊的地理位置使它自古便成为"南方丝绸之路第一驿站、茶马古道第一镇"，南方古丝绸之路环镇而过，保留至今。今天来到平乐，我们就可以看到她厚重的历史遗迹，比如这古街、古寺、古树、古道、古桥、古风、古民居、古坊、古堰、古歌，等等。

　　平乐古称"平落"，落日的落，因四川话"落"与快乐的"乐"谐音，平乐便逐渐被人们所接受，与古镇自然而和谐的环境相结合，取其"平安快乐、平常人的快乐"之意。所以当您再看到"平乐"二字的时候，请您记得川西有一个"平安快乐"的地方叫平乐。

　　平乐古镇旅游资源十分丰富，除古镇核心区外，还有五大风景区。其一是花楸山风景区，它拥有康熙御赐的"天下第一圃"和川西地区保存最完好的清代古民居群——李家大院。当您身临其境，便会感觉像进入了陶渊明所描绘的世外桃源一样。其二是金华山风景区，它拥有唐代摩崖石刻雕像群和罕见的天马行空浮雕图，是礼佛朝圣的好去处。其三是秦汉驿道风景区，以唐代千手观音院、城隍庙、秦汉驿道闻名海内外。其四就是芦沟风景区，它拥有万亩竹海，沿途十里长廊尽是翠竹掩映，有"森林氧吧"之称，是避暑纳凉的胜地。其五是金鸡沟风景区，它的造型独特的金鸡桥、原始生态的自然景观、独特的地理结构及保存完好的造纸作坊遗址是广大青少年探幽访古的绝佳之地。

平乐镇属浅丘型地貌，山、丘、坝各占三分之一。镇域内气候温和，雨量充沛，地下水资源相当丰富。全镇及相邻镇乡盛产竹木，竹资源尤为丰富。早在宋代平乐镇就是闻名的纸乡。平乐镇周围四面环山，中间是一坦平原，高处鸟瞰，宛如一个小盆地，素有"天府平乐"之美誉。

沿入口进来的这条街叫乐善街。乐善街因连通乐善古桥而得名，是古镇特色精品水景街区。街道引白沫江之水经顺江堰，到达乐善街水景街区，最后又通过安乐堰，汇入母亲河白沫江。大家仔细看看水景街就会发现，原来长达300余米的水渠上，架有十来座人行桥，更独特的是，这里的每座桥都是完全不一样的风格，有拱桥、平桥、石墩桥、踏板桥……每一座桥都有不同的来历。大家一定都想马上看看每座桥的风采和桥与桥的差别了吧，请随我前往桥面，去看个究竟吧。

实训练习

一、阅读范文、释难解疑

首先，在教师指导下，阅读平乐古镇旅游景区（点）简介和讲解词范文，熟悉景区（点）的概况。

其次，将范文中的"南方丝绸之路"进行延伸阅读，并解释其含义。

最后，参照范文，根据自己的讲解特点和表达习惯，将范文做梳理与微调；选择适当的讲解技巧，将范文转化为适合自己讲解风格的解说词，完成对平乐古镇旅游景区（点）的讲解练习。

二、分解练习、循序渐进

首先，朗读范文，规范读音，理顺语句词汇，运用恰当的讲解方式和技巧，完成对平乐古镇旅游景区（点）的口头讲解初期练习。

其次，对平乐古镇旅游景区（点）范文中的地理位置、风物特产、唐代摩崖石刻、平乐桥文化等，做到巧记熟记，不能出错。

再次，讲解时要求声音洪亮、吐字清楚，普通话标准流畅、语速适当。

然后，根据平乐古镇旅游景区（点）的特点，决定是否需要讲解器等辅助设备。

最后，分段落记忆与背诵，反复多次模拟讲解练习，逐步完成对"平乐古镇旅游景区（点）"的流畅讲解，直至达到"考核评价"的要求。

★ 活动三　考核评价

将学生分成若干个小组，每组六人，一人担任讲解员，其他人扮演游客，进行模拟讲解实训训练，组内成员轮流担任模拟讲解员。模拟讲解完毕后，成员填写"任务评价"表格。

【任务评价】

评价项目	自我评定	小组评定	教师评定
仪容仪表（10）			
礼节礼貌（15）			
语音语调（10）			
口头表达（20）			
体态语言（10）			
讲解内容（20）			
讲解技巧（15）			
总评（等级评定）			
等级评定：优（90分以上）　良（80～89分）　中（70～79分）　合格（60～69分） 　　　　　不合格（60分以下）			

【实训心得】

_____

_____

_____

_____

任务五　拉萨八廓街古街旅游景区（点）讲解实训

★ **活动一　课前预习**

一、古街旅游代表性景点——拉萨八廓街古街旅游景区（点）简介

　　拉萨八廓街，又名八角街，位于拉萨市旧城区，是拉萨著名的转经道和商业中心，较完整地保存了古城的传统面貌和居住方式。八廓街原街道只是单一围绕大昭寺的转经道，藏族人称之为"圣路"，现逐渐扩展为围绕大昭寺周围的大片旧式老街区。八角街是围绕大昭寺修建的一条拉萨最繁华的商业街。街道以大昭寺为中心，西接藏医院大楼，南临沿河东路，北至幸福东路，东连拉萨医院河林廓东路。八廓街是由八廓东街、八廓西街、八廓南街和八廓北街组成多边形街道环，周长约 1000 余米。街内岔道较多，有街巷 35 个。八廓街属城关区八廓街办事处，下辖 4 个居委会，199 个居民大院。

　　二、实训前的准备

　　物质准备：讲解证、导游旗、随身包、记事本、拉萨八廓街景区（点）游览图、便携式讲解器、遮阳伞（雨伞）等。

　　心理准备：充满自信，告诉自己一定能完成接待任务，坚定吃苦耐劳的信念，了解游客的需求，分析拉萨八廓街景区（点）的哪些方面游客最感兴趣，熟悉拉萨八廓街生态景区（点）的讲解词范文。

　　形象准备：干净的头发、大方得体的衣着、轻便且易于行走的鞋、男士不得留胡须，女士不得化浓妆，不留长指甲。

　　仔细核实接待计划，根据客人的特点选择适合的讲解风格。

★ 活动二　讲解词范文赏析及讲解实训练习

📖 模拟范文赏析

拉萨八廓街旅游景区（点）讲解词

各位游客，大家好！我是今天的讲解员扎西卓玛，欢迎各位来到圣城拉萨旅游，愿大家"扎西德勒，吉祥如意"。

今天扎西要带大家去参观的是一条集观光、民俗、商业及我们信仰的藏传佛教于一身的古街道——八廓街。

八廓街其实是围绕大昭寺的一条小街，又叫八角街。在游人眼中这条街为商品街，而在我们藏族人眼里却另有含义，它是藏族传统的转经之路，是一条"圣路"。我们拉萨传统的转经路有三条，沿大昭寺大殿一周为小转，沿八角街一圈为中转，沿林廓路一绕为大转，这三条转经路都以释迦牟尼像为中心。

八廓街周围的小巷四通八达，像迷宫一样，附近还有密院、印经院、席德寺废墟、仓姑尼庵、清真寺、冲赛康等宗教文化圣地，让人目不暇接。

八廓街长三里，宽三丈，呈圆形。大家可以看到，它的两旁都是咱们老式的藏房。八角街保留了拉萨古城的原有风貌，街道由手工打磨的石块铺成。街心有一个巨型香炉，昼夜烟火弥漫。街道两侧店铺林立，有铜像、转经筒、酥油灯、蟠旗等宗教用品，氆氇、皮囊、马具、鼻烟壶等生活日用品，唐卡、绘画、手绢、藏毯等手工艺品。行内的商品充满西藏民族特色，除了各式各样带有西藏特色的旅游纪念品之外，放眼望去，四周一片旧的、带有浓郁藏族生活气息的城区，是多么朴实和神圣啊。

　　八廓街的商店内还有从印度和尼泊尔远道而来的各种商品。八角街除了在藏年期间比较冷清外，其余时间都非常热闹。

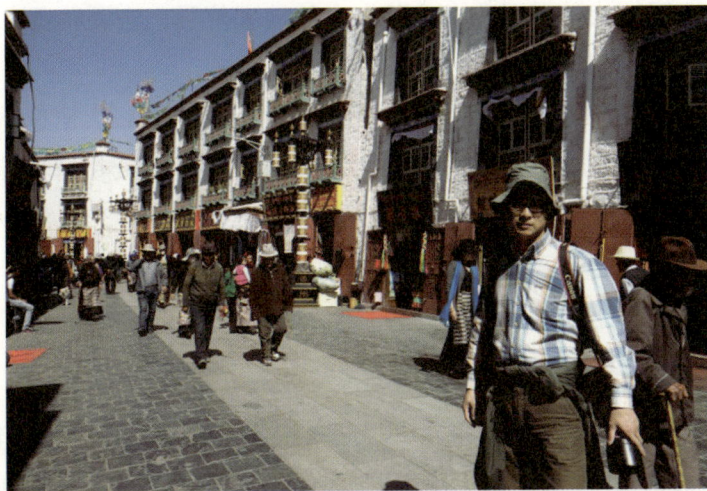

　　八廓街是拉萨乃至整个藏区人文景观的缩影，有着悠久的历史，汇聚着来自各地的朝拜者，有沿公路磕等身长头来的，有修行的僧侣，也有做生意的康巴。在八廓街我们可以看到来自藏区不同地方的人们，看到不同的服饰，听到各异的语言。就算是僧侣，看上去相似的服装也因教派不同而有所差异。

　　可以毫不夸张地说，八廓街是了解我们藏区的窗口，它的一切都在默默地述说着拉萨的历史。藏族人民几乎每天都要沿八廓街环绕大昭寺三周，无论烈日当空，还是风雪弥漫，都会风雨无阻。

　　好了，我的介绍到此告一段落。现在，请大家自由参观。参观结束后，北京时间 12 点 30 分在对面墙边集合。谢谢大家。

实训练习

一、阅读范文、释难解疑

首先，在教师指导下，阅读八廓街旅游景区（点）简介和讲解词范文，熟悉景区（点）的概况。

其次，根据范文中的"三条转经路"进行延伸阅读，并调查整理出一个普通藏族人的一天。

最后，参照范文，根据自己的讲解特点和表达习惯，将范文做梳理与微调；选择适当的讲解技巧，将范文转化为适合自己讲解风格的解说词，完成对八廓街旅游景区（点）的讲解练习。

二、分解练习、循序渐进

首先，朗读范文，规范读音，理顺语句词汇，运用恰当的讲解方式和技巧，完成对八廓街旅游景区（点）的口头讲解初期练习。

其次，对八廓街旅游景区（点）范文中的地理位置、主要特色、藏族服饰等，做到巧记熟记，不能出错。

再次，讲解时要求声音洪亮、吐字清楚，普通话标准流畅、语速适当。

然后，根据八廓街旅游景区（点）的特点，决定是否需要讲解器等辅助设备。

最后，分段落记忆与背诵，反复多次模拟讲解练习，逐步完成对八廓街旅游景区（点）的流畅讲解，直至达到"考核评价"的要求。

★ 活动三　考核评价

将学生分成若干个小组，每组六人，一人担任讲解员，其他人扮演游客，进行模拟讲解实训训练，组内成员轮流担任模拟讲解员。模拟讲解完毕后，成员填写"任务评价"表格。

【任务评价】

评价项目	自我评定	小组评定	教师评定
仪容仪表（10）			
礼节礼貌（15）			
语音语调（10）			
口头表达（20）			
体态语言（10）			
讲解内容（20）			

续表

评价项目	自我评定	小组评定	教师评定
讲解技巧（15）			
总评（等级评定）			
等级评定：优（90分以上）　良（80～89分）　中（70～79分）　合格（60～69分） 　　　　　不合格（60分以下）			

【实训心得】

_____

_____

_____

_____

任务六　成都宽窄巷子古街旅游景区（点）讲解实训

⭐ **活动一　课前预习**

一、古街旅游代表性景点——成都宽窄巷子古街旅游景区（点）简介

　　宽窄巷子是成都市三大历史文化保护区之一，由宽巷子、窄巷子和井巷子三条平行排列的城市老式街道及其之间的四合院群落组成，于20世纪80年代列入《成都历史文化名城保护规划》。2008年6月，为期三年的宽窄巷子改造工程全面竣工。修葺一新的宽窄巷子由45个清末民初风格的四合院落、兼具艺术与文化底蕴的花园洋楼、新建的宅院式精品酒店等各具特色的建筑群落组成。

2003年，成都市宽窄巷子历史文化片区主体改造工程确立，该区域将在保护老成都原真建筑的基础上，形成以旅游、休闲为主，具有鲜明地域特色和浓郁巴蜀文化氛围的复合型文化商业街，并最终打造成具有"老成都底片，新都市客厅"内涵的"天府少城"。

二、实训前的准备

物质准备：讲解证、导游旗、随身包、记事本、成都宽窄巷子古街景区（点）游览图、便携式讲解器、遮阳伞（雨伞）等。

心理准备：充满自信，告诉自己一定能完成接待任务，坚定吃苦耐劳的信念，了解游客的需求，分析成都宽窄巷子古街景区（点）的哪些方面游客最感兴趣，熟悉成都宽窄巷子古街景区（点）的讲解词范文。

形象准备：干净的头发、大方得体的衣着、轻便且易于行走的鞋，男士不得留胡须，女士不得化浓妆，不留长指甲。

仔细核实接待计划，根据客人的特点选择适合的讲解风格。

★ 活动二　讲解词范文赏析及讲解实训练习

📖 模拟范文赏析

成都宽窄巷子古街旅游景区（点）讲解词

各位游客，大家好！我们现在来到的地方就是成都著名的景点——宽窄巷子。大家看看，眼前的街道、房屋是不是独具特色呢？在这里，讲解员小张给大家简单介绍一下宽窄巷子吧。

宽巷子在清朝宣统年间的名字叫兴仁胡同。据宽巷子中一位懂蒙语的满族人介绍，胡同是蒙语的音译。关于胡同的起源，有一种说法是指蒙古人在草原上扎起的蒙古包之间的通道。而到了民国年间，在中国一片反帝反封建的革命风气下，"兴仁胡同"被改名为"宽巷子"。

宽窄巷子可以说是最能体现成都人对于休闲生活的理解和表达的地方。宽窄巷子是成都遗留下来的较有规模的清朝古街道，与大慈寺、文殊院一起并称为成都三大历史文化名城保护街区。宽窄巷子是成都这个古老又年轻的城市往昔的缩影。1721年，康熙皇帝应川人之情，派旗兵驻防成都。当时的四川总督年羹尧下令在秦代少城遗址上修建"满城"，给旗兵居住。清政府规定森严，满蒙官兵一律不得擅自离开少城接触商务买卖，他们只能靠每年在少城公园，也就是今天的人民公园举办的春秋两季的比武大会上，论成绩优异领取皇粮过日子。然而风雨飘摇，如今的少城只剩下了宽窄两条巷子。那时，宽巷子住的是文武官员，窄巷子住的是士兵，等级森严。其后，宽窄巷子的人员结构也就这样延续下来了，宽巷子多为达官显贵，窄巷子聚居的则是平民。但其实从街道的结构和规模来说，宽巷子与窄巷子并无太大差异，只是贵族们住的地方当然"宽"，平民住的地方自然就"窄"。所以民间便有了"宽巷子不宽，窄巷子不窄"的说法。

　　宽巷子与窄巷子的建筑风格说是川西民居，却又具有典型北方四合院建筑的痕迹。巷子两边大大小小的院落，三面环墙，临街只留一道门脸儿。雕花的窗户，气派的门楼，讲究的门饰，虽已有些破落，却依然在诉说着老巷子里的沧桑历史。宽窄巷子是最能再现老成都人生活场景的地方。以前这里的街坊邻居都习惯了拿把竹椅坐在巷口"摆龙门阵"，或者茶余饭后坐在树下的石凳上看巷子里的人来车往，又或者一家人在院子里喝着稀饭，用温婉而幽默的成都话聊着家常。

　　不过，各位游客，我们今天马上要看到的宽窄巷子已不再是那些破落的老巷子了。2003 年，成都市宽窄巷子历史文化片区主体改造工程确立，该区域在保护老成都原真建筑的基础上，形成以旅游、休闲为主，具有鲜明地域特色和浓郁巴蜀文化氛围的复合型文化商业街，打造具有"老成都底片，新都市客厅"内涵的"天府少城"。2008 年 6 月，为期三年的宽窄巷子改造工程全面竣工。修葺一新的宽窄巷子由 45 个清末民初风格的四合院落、兼具艺术与文化底蕴的花园洋楼、新建的宅院式精品酒店等各具特色的建筑群落组成。重新梳理后的宽窄巷子，不仅保留了原有的院落文化，也被赋予了时尚的现代气息。现在的成都人又可以真实体验到多年前"闲在宽巷子，品在窄巷子，泡在井巷子"的休闲生活了。

很多人也许会问：街上这么多商家，是怎么进来的呢？各位，我们可以从街口的导游图上看出，宽窄巷子一共只有 45 座建筑，所以说可以进驻宽窄巷子的商家都是非常幸运的，那么，能进来的商家一定是咱老成都的特色老店、百年老店等。商店里面的物品也是很有特色的。一会儿，大家可以好好看看，如果喜欢的话，可以随便选购一些，将"老成都"带回您的家。

好了，现在就请大家尽情地体验"闲在宽巷子，品在窄巷子，泡在井巷子"的休闲生活吧。我给大家一小时的体验时间，一小时后大家请在宽窄巷子的东面出口广场集合上车。

📚 实训练习

一、阅读范文、释难解疑

首先，在教师指导下，阅读宽窄巷子旅游景区（点）简介和讲解词范文，熟悉景区（点）的概况。

其次，将范文中的"闲在宽巷子，品在窄巷子，泡在井巷子"进行延伸阅读，并解释其含义。

最后，参照范文，根据自己的讲解特点和表达习惯，将范文做梳理与微调；选择适当的讲解技巧，将范文转化为适合自己讲解风格的解说词，完成对宽窄巷子旅游景区（点）的讲解练习。

二、分解练习、循序渐进

首先，朗读范文，规范读音，理顺语句词汇，运用恰当的讲解方式和技巧，完成对宽窄巷子旅游景区（点）的口头讲解初期练习。

其次，对宽窄巷子旅游景区（点）范文中的地理位置、八旗文化、胡同文化、成都休闲生活文化等，做到巧记熟记，不能出错。

再次，讲解时要求声音洪亮、吐字清楚，普通话标准流畅、语速适当。

然后，根据宽窄巷子旅游景区（点）的特点，决定是否需要讲解器等辅助设备。

最后，分段落记忆与背诵，反复多次模拟讲解练习，逐步完成对宽窄巷子旅游景区（点）的流畅讲解，直至达到"考核评价"的要求。

⭐ 活动三　考核评价

将学生分成若干个小组，每组六人，一人担任讲解员，其他人扮演游客，进行模拟讲解实训训练，组内成员轮流担任模拟讲解员。模拟讲解完毕后，成员填写"任务评价"表格。

【任务评价】

评价项目	自我评定	小组评定	教师评定
仪容仪表（10）			
礼节礼貌（15）			
语音语调（10）			
口头表达（20）			
体态语言（10）			
讲解内容（20）			
讲解技巧（15）			
总评（等级评定）			
等级评定：优（90分以上）　良（80～89分）　中（70～79分）　合格（60～69分）			
不合格（60分以下）			

【实训心得】

_____

_____

_____

_____

任务七　成都锦里古街旅游景区（点）讲解实训

★ 活动一　课前预习

一、古街旅游代表性景点——成都锦里古街旅游景区（点）简介

2009 年，锦里延伸段"水岸锦里"开肆迎客。蜿蜒曲折的院落、街巷与水岸、湖泊、荷塘、石桥相呼应，主题会所、主题餐饮、主题商店坐落其中，水波灯影，别有一番意境。

古街定期举行传统婚礼、民乐、戏剧、民间服装秀等民俗表演，并按照中国传统节日举办特色主题活动，如元宵节、端午节吃粽子大赛，七夕情人节主题活动，中秋赏月会等，让你在一种原汁原味的川西民俗文化氛围中去享受最惬意的休闲娱乐方式。

传说中锦里曾是西蜀历史上最古老、最具有商业气息的街道之一，早在秦汉、三国时期便闻名全国。今天的锦里依托成都武侯祠，以明末清初川西民居作外衣，

三国文化与成都民俗作内涵。在这条街上，浓缩了成都生活的精华，有茶楼、客栈、酒楼、酒吧、戏台、风味小吃、工艺品、土特产，充分展现了三国文化和四川民风、民俗的独特魅力。

二、实训前的准备

物质准备：讲解证、导游旗、随身包、记事本、成都锦里古街景区（点）游览图、便携式讲解器、遮阳伞（雨伞）等。

心理准备：充满自信，告诉自己一定能完成接待任务，坚定吃苦耐劳的信念，了解游客的需求，分析成都锦里古街景区（点）的哪些方面游客最感兴趣，熟悉成都锦里古街景区（点）的讲解词范文。

形象准备：干净的头发、大方得体的衣着、轻便且易于行走的鞋，男士不得留胡须，女士不得化浓妆，不留长指甲。

仔细核实接待计划，根据客人的特点选择适合的讲解风格。

★活动二　讲解词范文赏析及讲解实训练习

📖模拟范文赏析

成都锦里古街旅游景区（点）讲解词

各位游客，大家好！欢迎您来到有"成都版清明上河图"之称的锦里民俗一条街。我是大家的讲解员小张，今天由我带领大家游览锦里民俗一条街。这条街与三国文化圣地武侯祠相连，旁边的武侯祠里英雄众多、高手云集，而这锦里民俗一条街也不甘示弱。大家请看，大门上"锦里"二字就是里面这一位"英雄"的名号。大家要问了：为什么他要叫"锦里"呢？不要急，请听我细细道来。所谓"锦里"，有人说是"锦上添花，里有乾坤"之意，其实大谬不然。《华阳国志·蜀志》记载："锦江，织锦濯其中，则鲜明；濯它江，则不好；故命曰锦里也。"口说无凭，耳听为虚，现在我们来看看这里货真价实的解释吧。墙上这一块石碑上记录了锦里得名的由来。好了，明白了锦里的得名，我们就开始打探打探这位英雄的内功修炼如何吧。顺便提一下，我们的这位英雄是有洁癖的，请大家尊重一下英雄的癖好，爱护环境，不要随地乱丢果皮纸屑。

我们现在所在的锦里民俗一条街由成都市武侯祠博物馆创建，投入资金上千万，耗时三年。锦里所处的位置原来是一排破烂的旧民房，不仅影响观瞻，还给仅一墙之隔的国家重点文物所在地武侯祠博物馆带来潜在的安全隐患。同时，由于武侯祠作为国家级文物保护单位，本身具有只能向游客做静态展示的弱势，难以满足现代游客体验式、休闲式、互动式的旅游方式。于是以"蜀文化"为内涵的锦里一条街应运而生。2004年10月31日，成都锦里民俗一条街正式开市，老街、宅邸、府第、民居、客栈、商铺、万年台坐落其间。行走在这条古街上，青砖碧瓦错落有致，青石板路蜿蜒前行，让人恍若时空倒流。川茶、川菜、川酒、川戏和蜀锦等古蜀文化如清风扑面而来。一期工程所建成的街道全长350米，采用清末民初的四川古镇建筑风格，与武侯祠博物馆现存清代建筑的风格相融，二者之间又以一弯河水作为分隔。游人在短短350米的距离内就能享尽原汁原味的四川滋味，加上现在完工的二期水世界，使人整体感觉更加惬意。我们现在正在行走的一期街道，雕梁画栋，古香古色，吸引了众多的游人前来。如果您在"锦里"的古色中流连忘返，不想离开怎么办呢？别担心，你们还可以住进高挂着丝绸灯笼的客栈，在彻夜辉煌的灯火中感受时空变换的神奇。各位，在锦里这不长的古街上，好多川西地区好吃的、好玩的都能被您一网打尽，相信一定能让您满意。

正好，我们来到了一家特色旅店，先看一下锦里的住宿。锦里客栈以清末民初的建筑为主，有客栈、隐庐、芙蓉三座风格各异的建筑组成。庭院内有廊坊、天井、花园，房前屋后，假山耸立，绿树成荫，流水潺潺，环境清幽，结构完整，布局合理。客房内部装修古朴典雅，配套仿古红木家具，现代高级卫浴，网络光纤，中央空调。客栈不仅装修经典，服务更是细微体贴。在那里您能享受到安逸、闲适、幽静之感，体验到浓郁的川西民俗文化特色。

住的问题得到答案了，接下来我们见识一下锦里的"玩"。在这里的古戏台上，会定期上演川戏的经典剧目，戏台前也会定期放映成都人喜爱的坝坝电影。街道上长期以特色小摊的方式举行民间艺人的展演，如糖画、捏泥人、剪纸表演、皮影表演、西洋镜等。这些趣味十足的民间各式展示，游人都可以参与其中，乐在其中。情侣们甚至还可以将自己的婚礼仪式搬来锦里举行，体会一种独特的、传统的婚庆方式。民间音乐及戏剧表演、民俗服装秀更是长年不断，花样百出。虽然锦里是一条仿古风格的街道，但是里面也不失时尚，咖啡屋、酒吧、皮影表演等颇具吸引力，可以说锦里是古典与时尚的完美结合。

　　继续往前走，街道左右两边的商店也颇具特色，三国文化纪念品、地方特产等风格迥异。前面是锦里的"好吃街"，锦里"好吃街"是成都市民间小吃的缩影。成都人"尚滋味""好辛香"，小吃讲究调味，常见味型有麻辣、红油、椒麻、家常、咸鲜、蒜泥、芥末、糖醋、咸甜、香甜、怪味等味型。这里有许多著名的特产。例如，张飞牛肉，产于四川阆中，外表呈黑色，不大好看，内呈牛肉本色，用上等牛肉拌以特制香料制成，味道独特。又如，汤麻饼，产于四川崇州。说着说着，我们就来到好吃街了，大家看，一眼望去，是不是美食望不到头呢？现在小张给大家留出 20 分钟时间，您可以随意选择些自己钟爱的小吃尝尝。再次提醒，好吃街路边有很大的垃圾桶，请大家不要乱丢乱扔哦。20 分钟后我们在前面路口集合，然后继续参观。

实训练习

一、阅读范文、释难解疑

　　首先，在教师指导下，阅读锦里古街旅游景区（点）简介和讲解词范文，熟悉景区（点）的概况。

　　其次，根据范文中的"糖画"整理出成都的代表性小吃。

　　最后，参照范文，根据自己的讲解特点和表达习惯，将范文做梳理与微调；选择适当的讲解技巧，将范文转化为适合自己讲解风格的解说词，完成对锦里古街旅游景区（点）的讲解练习。

二、分解练习、循序渐进

首先，朗读范文，规范读音，理顺语句词汇，运用恰当的讲解方式和技巧，完成对锦里古街旅游景区（点）的口头讲解初期练习。

其次，对锦里古街旅游景区（点）范文中的地理位置、风物特产、三国文化、民国建筑布局等，做到巧记熟记，不能出错。

再次，讲解时要求声音洪亮、吐字清楚，普通话标准流畅、语速适当。

然后，根据锦里古街旅游景区（点）的特点，决定是否需要讲解器等辅助设备。

最后，分段落记忆与背诵，反复多次模拟讲解练习，逐步完成对锦里古街旅游景区（点）的流畅讲解，直至达到"考核评价"的要求。

★活动三　考核评价

将学生分成若干个小组，每组六人，一人担任讲解员，其他人扮演游客，进行模拟讲解实训训练，组内成员轮流担任模拟讲解员。模拟讲解完毕后，成员填写"任务评价"表格。

【任务评价】

评价项目	自我评定	小组评定	教师评定
仪容仪表（10）			
礼节礼貌（15）			
语音语调（10）			
口头表达（20）			
体态语言（10）			
讲解内容（20）			
讲解技巧（15）			
总评（等级评定）			
等级评定：优（90分以上）　良（80～89分）　中（70～79分）　合格（60～69分）　不合格（60分以下）			

【实训心得】

_____

_____

_____

_____

任务八 北京故宫博物院旅游景区（点）讲解实训

★活动一 课前预习

一、博物馆旅游代表性景点——北京故宫博物院旅游景区（点）简介

北京故宫博物院建立于 1925 年 10 月 10 日，是在明朝、清朝两代皇宫及其收藏的基础上建立起来的中国综合性博物馆，也是中国最大的古代文化艺术博物馆，其文物收藏主要来源于清代宫中旧藏。故宫博物院在中国一共有两处，北京故宫博物院和台北"故宫博物院"，两者均为世界著名的旅游胜地，北京故宫博物院一般简称为故宫博物院。

二、实训前的准备

物质准备：讲解证、导游旗、随身包、记事本、北京故宫博物院景区（点）游览图、便携式讲解器、遮阳伞（雨伞）等。

心理准备：充满自信，告诉自己一定能完成接待任务，坚定吃苦耐劳的信念，了解游客的需求，分析北京故宫博物院景区（点）的哪些方面游客最感兴趣，熟悉北京故宫博物院景区（点）的讲解词范文。

形象准备：干净的头发、大方得体的衣着、轻便且易于行走的鞋，男士不得留胡须，女士不得化浓妆，不留长指甲。

仔细核实接待计划，根据客人的特点选择适合的讲解风格。

★活动二 讲解词范文赏析及讲解实训练习

📖模拟范文赏析

北京故宫博物院旅游景区（点）讲解词

各位游客，大家好！欢迎来到北京故宫博物院旅游。我是讲解员小张。首先我给大家简要介绍一下我们即将要参观游览的故宫博物院。

北京故宫博物院建成于 1925 年 10 月 10 日，是在我国明朝、清朝两代皇宫及其收藏的基础上建立起来的综合性博物馆，也是中国最大的古代文化艺术博物馆，其文物收藏主要来源于清代宫中旧藏。故宫博物院位于北京故宫，也就是紫禁城内。北京故宫是第一批全国重点文物保护单位、第一批国家 5A 级旅游景区，1987 年入选《世界文化遗产》名录。整个紫禁城宫殿建筑是中国现今保存最完整、规模最宏伟的古代宫殿建筑群。故宫博物院是国家一级博物馆，据统计，2012 年单日最高客流量突破 18 万人次，全年客流量突破 1500 万人次，可以说是世界上接待游客最多的博物馆之一。

各位朋友，此时此刻，我们站的位置是午门。说起"午门"二字，大家是否已经感受到了旧时宫廷威严肃穆的氛围了呢。故宫位于北京市中心，也称"紫禁城"。这里曾居住过24个皇帝，是明清两代的皇宫，现在开辟为"故宫博物院"。故宫的整个建筑金碧辉煌、庄严绚丽，被誉为世界五大名宫（即北京故宫、法国凡尔赛、英国白

金汉宫、美国白宫、俄罗斯克里姆林宫）之一，并被联合国教科文组织列为"世界文化遗产"。故宫的宫殿建筑是中国现存最大、最完整的古建筑群，总面积达72万多平方米，有殿宇宫室9999间半，被称为"殿宇之海"，气魄宏伟，极为壮观。无论是平面布局，立体效果，还是形式上的雄伟堂皇，都堪称无与伦比的杰作。一条中轴贯通着整个故宫，而这条中轴刚好又在整个北京城的中轴线上。三大殿、后三宫、御花园都位于这条中轴线上。在中轴宫殿两旁，还对称分布着许多殿宇，也都宏伟华丽。这些宫殿可分为外朝和内廷两大部分。外朝以太和、中和、保和三大殿为中

心，文华、武英殿为两翼。内廷以乾清宫、交泰殿、坤宁宫为中心，东西六宫为两翼，布局严谨有序。故宫的四个城角都有精巧玲珑的角楼，建造精巧美观。宫城周围环绕着高 10 米，长 3400 米的宫墙，墙外有 52 米宽的护城河。 现在，故宫的一些宫殿中设立了综合性的历史艺术馆、绘画馆，分类的陶瓷馆、青铜器馆、明清工艺美术馆、铭刻馆、玩具馆、文房四宝馆、玩物馆、珍宝馆、钟表馆等，收藏有大量的古代艺术珍品，据统计共达 1052653 件，占中国文物总数的六分之一，是中国收藏文物最丰富的博物馆，也是世界著名的古代文化艺术博物馆，其中很多文物是绝无仅有的无价之宝。

要说这故宫呀，还有好多好多的精彩，请大家继续随我一起穿越这明清两朝天子工作和生活的乐园吧。

📚 实训练习

一、阅读范文、释难解疑

首先，在教师指导下，阅读故宫博物院旅游景区（点）简介和讲解词范文，熟悉景区（点）的概况。

其次，对范文中的"古代宫殿建筑群"进行延伸阅读，并画出宫殿建筑群的布局平面图。

最后，参照范文，根据自己的讲解特点和表达习惯，将范文做梳理与微调；选择适当的讲解技巧，将范文转化为适合自己讲解风格的解说词，完成对故宫博物院旅游景区（点）的讲解练习。

二、分解练习、循序渐进

首先，朗读范文，规范读音，理顺语句词汇，运用恰当的讲解方式和技巧，完成对故宫博物院旅游景区（点）的口头讲解初期练习。

其次，对故宫博物院旅游景区（点）范文中的地理位置、宫殿建筑、历史背景等，做到巧记熟记，不能出错。

再次，讲解时要求声音洪亮、吐字清楚，普通话标准流畅、语速适当。

然后，根据故宫博物院旅游景区（点）的特点，决定是否需要讲解器等辅助设备。

最后，分段落记忆与背诵，反复多次模拟讲解练习，逐步完成对故宫博物院旅游景区（点）的流畅讲解，直至达到"考核评价"的要求。

⭐ 活动三 考核评价

将学生分成若干个小组，每组六人，一人担任讲解员，其他人扮演游客进行模拟讲解实训训练，组内成员轮流担任模拟讲解员。模拟讲解完毕后，成员填写"任务评价"表格。

【任务评价】

评价项目	自我评定	小组评定	教师评定
仪容仪表（10）			
礼节礼貌（15）			
语音语调（10）			
口头表达（20）			
体态语言（10）			
讲解内容（20）			
讲解技巧（15）			
总评（等级评定）			
等级评定：优（90分以上）　良（80～89分）　中（70～79分）　合格（60～69分）不合格（60分以下）			

【实训心得】

_____

_____

_____

_____

任务九　自贡恐龙博物馆旅游景区（点）讲解实训

★ 活动一　课前预习

一、博物馆旅游代表性景点——自贡恐龙博物馆旅游景区（点）简介

自贡恐龙博物馆位于四川省自贡市的东北部，距市中心约10千米。自贡恐龙博物馆是在世界著名的"大山铺恐龙化石群遗址"上就地兴建的一座大型遗址类博物馆，也是我国第一座专门性恐龙博物馆，世界三大恐龙遗址博物馆之一。博物馆占地面积6.6万多平方米，馆藏化石标本几乎囊括了距今2亿多年前侏罗纪时期所有已知恐龙种类，是世界上收藏和展示侏罗纪恐龙化石最多的地方之一，被美国《地理杂志》评价为"世界上最好的恐龙博物馆"。

二、实训前的准备

物质准备：讲解证、导游旗、随身包、记事本、自贡恐龙博物馆景区（点）游览图、便携式讲解器、遮阳伞（雨伞）等。

心理准备：充满自信，告诉自己一定能完成接待任务，坚定吃苦耐劳的信念，了解游客的需求，分析自贡恐龙博物馆景区（点）的哪些方面游客最感兴趣，熟悉自贡恐龙博物馆景区（点）的讲解词范文。

形象准备：干净的头发、大方得体的衣着、轻便且易于行走的鞋，男士不得留胡须，女士不得化浓妆，不留长指甲。

仔细核实接待计划，根据客人的特点选择适合的讲解风格。

★ 活动二　讲解词范文赏析及讲解实训练习

📖 模拟范文赏析

自贡恐龙博物馆旅游景区（点）讲解词

各位游客，大家好！欢迎大家光临亚洲第一大恐龙博物馆——自贡恐龙博物馆。我是博物馆的讲解员小张，非常荣幸今天能为大家讲解。愿我的讲解服务能让您满意。

大家随我到这边来，各位请看，这座赭黄色的庞大建筑物好别致，好气派！它的外观酷似天然砂岩堆垒而成的岩窟，这就是举世瞩目的大山铺恐龙公墓、蜚声中外的自贡恐龙博物馆。自贡恐龙博物馆位于四川省自贡市的东北部，距市中心约 10 千米。自贡恐龙博物馆是在世界著名的"大山铺恐龙化石群遗址"上就地兴建的一座大型遗址类博物馆。现在大家已置身于精心模拟的恐龙生活时代的自然景观：在一片由绿茵的草坪、粗壮的铁树、繁茂的银杏、高大的松柏等植物的衬托下，不远处，两条植食性的恐龙缓缓向我们走来。听，它们一声声的长鸣，仿佛是对各位的光临表示亲切的问候！这里充满了恐龙时代强烈的古野气氛。

各位朋友，大家是否已经感受到了这来自远古生命的气息。一亿六千万年前，这里地势平坦，河流、湖泊广布，气候温暖湿润，裸子植物繁茂，是一片自然条件极为优越的湖滨平原。平原上繁衍生息着大量的恐龙及共生动物。朋友们，这生机勃勃的自然风貌，您感受到了吗？

博物馆的发掘要追溯到1979年，当年，人们在这里发现了举世罕见的中侏罗世时代的恐龙动物群埋藏区，震惊全球。该遗址区以恐龙等古生物化石数量多、种类丰富、保存完好、埋藏集中等突出特点而成为"世界奇观"。有人曾风趣地说过"四川恐龙多，自贡是个窝"。我们说，大山铺恐龙化石点是"窝中之窝"。大山铺恐龙动物群埋藏遗址是全市 160 多处恐龙化石点中最负盛名的，特别是这些恐龙标本，弥补了目前世界各地中侏罗世恐龙化石稀少的缺陷，填补了恐龙演化史中间阶段化石材料的空白，具有极高的科学研究价值。值得一提的是大山铺恐龙动物群埋藏遗址已被联合国收入《全球地质及古生物遗址预选名录》了。

各位朋友，我们现在正在参观的这个展览大厅约 700 平方米，它向我们描绘着一幅幅生动形象的恐龙世界。我必须要强调的是，大家看到的化石都是真实存在的动物原体，并不是人工仿造的东西，更不是高科技的产物，这就是自贡大山铺恐龙动物群无比珍贵和独特的魅力。我相信，大家都想仔细看看这珍贵的恐龙了吧。那就请各位去近距离欣赏吧，30 分钟后在门厅集合，谢谢大家。

🎒 实训练习

一、阅读范文、释难解疑

首先，在教师指导下，阅读自贡恐龙博物馆旅游景区（点）简介和讲解词范文，熟悉景区（点）的概况。

其次，将范文中提到的"大山铺恐龙公墓"进行延伸阅读，并解释其成因。

最后，参照范文，根据自己的讲解特点和表达习惯，将范文做梳理与微调；选择适当的讲解技巧，将范文转化为适合自己讲解风格的解说词，完成对自贡恐龙博物馆旅游景区（点）的讲解练习。

二、分解练习、循序渐进

首先，朗读范文，规范读音，理顺语句词汇，运用恰当的讲解方式和技巧，完成对自贡恐龙博物馆旅游景区（点）的口头讲解初期练习。

其次，对自贡恐龙博物馆旅游景区（点）范文中的地理位置、地质年代背景、恐龙生活习性知识等，做到巧记熟记，不能出错。

再次，讲解时要求声音洪亮、吐字清楚，普通话标准流畅、语速适当。

然后，根据自贡恐龙博物馆旅游景区（点）的特点，决定是否需要讲解器等辅助设备。

最后，分段落记忆与背诵，反复多次模拟讲解练习，逐步完成对自贡恐龙博物馆旅游景区（点）的流畅讲解，直至达到"考核评价"的要求。

★ 活动三　考核评价

将学生分成若干个小组，每组六人，一人担任讲解员，其他人扮演游客进行模拟讲解实训训练，组内成员轮流担任模拟讲解员。模拟讲解完毕后，成员填写"任务评价"表格。

【任务评价】

评价项目	自我评定	小组评定	教师评定
仪容仪表（10）			
礼节礼貌（15）			
语音语调（10）			
口头表达（20）			
体态语言（10）			
讲解内容（20）			
讲解技巧（15）			
总评（等级评定）			
等级评定：优（90分以上）　良（80～89分）　中（70～79分）　合格（60～69分）　　　不合格（60分以下）			

【实训心得】

_____

_____

_____

任务十　成都武侯祠博物馆旅游景区（点）讲解实训

★活动一　课前预习

一、博物馆旅游代表性景点——成都武侯祠博物馆旅游景区（点）简介

　　成都武侯祠是西晋末年为纪念三国时期蜀国丞相诸葛亮（公元181—234年）而建。祠庙在唐、宋时代就是成都的一大名胜，并与蜀国先主刘备（公元161—223年）的陵墓和庙宇毗邻。明代初年，三者合而为一，称昭烈庙。明末，祠庙毁于兵燹，清代康熙十一年（1672年）在废墟上重建。重建时祠庙以两大殿分祀刘备和诸葛亮等蜀汉人物，形成君臣合庙的特有格局，初名曰武侯祠，后改为昭烈庙，大门悬有"汉昭烈庙"的金字大匾，而世人始终称其为武侯祠。

　　成都武侯祠是中国唯一一座君臣合祀祠庙和最负盛名的诸葛亮、刘备及蜀汉英雄纪念地，也是全世界影响最大的三国遗迹博物馆。1961年，国务院公布其为全国第一批重点文物保护单位；1984年，成立成都武侯祠博物馆。2008年它被评为国家一级博物馆，享有"三国圣地"之美誉，现为国家4A级旅游景区。

　　武侯祠博物馆现分文物区、园林区和锦里三部分，面积约15万平方米。根据武侯祠新的规划设计，武侯祠将对这三个区域进行更加合理的功能区划，分为三国历史遗迹区、三国文化体验区、锦里民俗区三大板块。

二、实训前的准备

物质准备：讲解证、导游旗、随身包、记事本、成都武侯祠景区（点）游览图、便携式讲解器、遮阳伞（雨伞）等。

心理准备：充满自信，告诉自己一定能完成接待任务，坚定吃苦耐劳的信念，了解游客的需求，分析成都武侯祠博物馆景区（点）的哪些方面游客最感兴趣，熟悉成都武侯祠博物馆景区（点）的讲解词范文。

形象准备：干净的头发、大方得体的衣着、轻便且易于行走的鞋，男士不得留胡须，女士不得化浓妆，不留长指甲。

仔细核实接待计划，根据客人的特点选择适合的讲解风格。

★ 活动二　讲解词范文赏析及讲解实训练习

📖 模拟范文赏析

成都武侯祠博物馆旅游景区（点）讲解词

尊敬的游客，大家好！欢迎您光临三国圣地，君臣合祀的成都武侯祠。我是讲解员小张，今天将由我带领大家参观游览。我们今天将从大门开始，依次游览三绝碑、刘备殿、诸葛亮殿、三义楼、惠陵等景点。

初游武侯祠，各位有没有留意到我们武侯祠大门上的横匾上写的是哪几个字呢？对了，是"汉昭烈庙"四个字。也许有朋友会问：既然是武侯祠，为什么大门上悬挂着"汉昭烈庙"呢？邹鲁的一首诗道出了其中的缘由："门额大书昭烈庙，世人都道武侯祠。由来名位输勋业，丞相功高百代思。"这里本是刘备的陵墓，依照汉制，有陵必有庙，建陵的同时在陵旁建庙，刘备死后谥号"昭烈"，其庙称"汉昭烈庙"。此庙始建于公元 223 年，后来人们为了纪念诸葛亮，又在庙旁修建了武侯祠。明代初年，武侯祠并入昭烈庙，清初重建为君臣合庙。不过世人对诸葛亮为国为民"鞠躬尽瘁"的精神十分崇敬，总还是习惯把这里叫作"武侯祠"。

　　现在我们刚好到了大门内游览示意图前了，在此请允许我给大家简单介绍一下三国圣地武侯祠的基本情况。

　　成都武侯祠位于成都市区南面，占地约 15 万平方米。从杜甫《蜀相》一诗的描写——"丞相祠堂何处寻，锦官城外柏森森"，我们可以了解到其大概位置。武侯祠是中国唯一一座君臣合祀祠庙和最负盛名的诸葛亮、刘备及蜀汉英雄纪念地，也是全世界影响最大的三国遗迹博物馆。1961 年国务院公布其为第一批全国重点文物保护单位，1984 年成立成都武侯祠博物馆。2008 年它被评为国家一级博物馆，享有"三国圣地"之美誉。

　　正如游览示意图所示，武侯祠博物馆现分文物区、园林区和锦里三大部分。根

据武侯祠新的规划设计，武侯祠又分为古柏苍翠红墙环绕的三国历史遗迹区（文物区）、三国文化体验区（园林区）、锦里民俗区（锦里）三大板块。

文物区主要由惠陵、汉昭烈庙和武侯祠三部分组成。祠庙现存主体建筑为清代康熙十一年，即公元1672年重建，坐北朝南，排列在一条中轴线上，依次为大门、二门、汉昭烈庙、过厅、武侯祠以及近年迁建的三义庙和新建的结义楼，共七重。锦里古街和园林区分别在古建筑群的东侧和西侧。

在文物区，我们将用一个小时游览完大门、二门、文臣武将廊、刘备殿、诸葛亮殿、刘备墓、三义庙等，然后大家可以自由安排时间到三国文化体验区去体验英雄辈出的三国时期的光辉，还可以到锦里民俗区去感受浓浓的四川蜀国文化，享受驰名中外的四川美食。"拜武侯，泡锦里"已成为成都旅游最具号召力的响亮口号之一。

现在，我们所行走道路的左边是明碑，右边就是因其文章瑰丽、书法遒劲、刻艺精湛被后世誉为"三绝碑"的唐碑。请大家紧跟我的步伐，一起去欣赏精美绝伦的三绝碑吧。

实训练习

一、阅读范文、释难解疑

首先，在教师指导下，阅读武侯祠旅游景区（点）简介和讲解词范文，熟悉景区（点）的概况。

其次，将范文中的"门额大书昭烈庙，世人都道武侯祠。由来名位输勋业，丞相功高百代思"进行延伸阅读，并解释其含义。

最后，参照范文，根据自己的讲解特点和表达习惯，将范文做梳理与微调；选择适当的讲解技巧，将范文转化为适合自己讲解风格的解说词，完成对武侯祠旅游景区（点）的讲解练习。

二、分解练习、循序渐进

首先，朗读范文，规范读音，理顺语句词汇，运用恰当的讲解方式和技巧，完成对武侯祠旅游景区（点）的口头讲解初期练习。

其次，对武侯祠旅游景区（点）范文中的地理位置、三绝碑、君臣合祀文化等，做到巧记熟记，不能出错。

再次，讲解时要求声音洪亮、吐字清楚，普通话标准流畅、语速适当。

然后，根据武侯祠旅游景区（点）的特点，决定是否需要讲解器等辅助设备。

最后，分段落记忆与背诵，反复多次模拟讲解练习，逐步完成对武侯祠旅游景区（点）的流畅讲解，直至达到"考核评价"的要求。

★ 活动三　考核评价

将学生分成若干个小组，每组六人，一人担任讲解员，其他人扮演游客进行模拟讲解实训训练，组内成员轮流担任模拟讲解员。模拟讲解完毕后，成员填写"任务评价"表格。

【任务评价】

评价项目	自我评定	小组评定	教师评定
仪容仪表（10）			
礼节礼貌（15）			
语音语调（10）			
口头表达（20）			
体态语言（10）			
讲解内容（20）			
讲解技巧（15）			
总评（等级评定）			
等级评定：优（90分以上）　良（80～89分）　中（70～79分）　合格（60～69分）不合格（60分以下）			

【实训心得】

_____

_____

_____

_____

任务十一　成都杜甫草堂博物馆旅游景区（点）讲解实训

★ 活动一　课前预习

一、博物馆旅游代表性景点——成都杜甫草堂博物馆旅游景区（点）简介

杜甫草堂坐落于成都市西门外的浣花溪畔，是中国唐代大诗人杜甫流寓成都时的故居。杜甫先后在此居住近四年，创作诗歌240余首。唐末诗人韦庄寻得草堂遗址，重结茅屋，使之得以保存，宋、元、明、清历代都有修葺扩建。

今天的草堂占地面积近300亩，仍完整保留着明弘治十三年（1500年）和清嘉庆十六年（1811年）修葺扩建时的建筑格局，建筑古朴典雅，园林清幽秀丽，是中国文学史上的一块圣地。1955 年杜甫纪念馆成立，1985 年更名为成都杜甫草堂博物馆，是中国规模最大、保存最完好、知名度最高且最具特色的杜甫行踪遗迹地，年游客量达百万余人次。

二、实训前的准备

物质准备：讲解证、导游旗、随身包、记事本、成都杜甫草堂博物馆景区（点）游览图、便携式讲解器、遮阳伞（雨伞）等。

心理准备：充满自信，告诉自己一定能完成接待任务，坚定吃苦耐劳的信念，了解游客的需求，分析成都杜甫草堂博物馆景区（点）的哪些方面游客最感兴趣，熟悉成都杜甫草堂博物馆景区（点）的讲解词范文。

形象准备：干净的头发、大方得体的衣着、轻便且易于行走的鞋，男士不得留胡须，女士不得化浓妆，不留长指甲。

仔细核实接待计划，根据客人的特点选择适合的讲解风格。

★活动二　讲解词范文赏析及讲解实训练习

📖模拟范文赏析

成都杜甫草堂博物馆旅游景区（点）讲解词

各位游客，早上好！欢迎您到杜甫草堂游览。杜甫草堂位于成都市西郊的浣花溪畔，是我国唐代大诗人杜甫流寓成都时的居所，距成都市中心车程约 15 分钟，真可谓是"闹中取静、大隐于市"。下面我先给大家简单介绍一下今天的浏览路线。我们由正门进入，经大廨、诗史堂、柴门、工部祠，最后到达茅屋景区，整个行程大约 2 小时。请大家记好我们的车牌号，4 点的时候我们在刚才下车的停车场集合。现在请大家带好随身的贵重物品随我进馆内游览，在游览时请各位不要大声喧哗，爱护馆内环境。

　　今天我们所看到的杜甫草堂博物馆总面积近 300 亩，完整地保留了清代嘉庆重建时的格局。馆内珍藏有各类资料 3 万余册，文物 2000 余件，是现存杜甫行踪遗迹中规模最大、保存最完好、最具特色和知名度的一处。

　　各位朋友，刚才我们游览了大廨、诗史堂、柴门，相信大家会对眼前的这座茅屋更有兴趣。公元 759 年，杜甫为避"安史之乱"，举家南迁，来到了当时远离战火的成都，住在一个叫草堂寺的地方，筑起茅屋。当时杜甫举家南迁时，生活相当艰难。他在《江村》中写道"但有故人供禄米，微躯此外更何求"，这说明草堂的修建靠的是朋友资助。虽说茅屋简朴，但却解决了一家妻小的栖身问题。杜甫字子美，自号少陵野老，所以茅屋也称作"少陵草堂"。杜甫在这里生活了近四年，创作诗歌 200 余首，

可谓杜甫诗歌创作生涯的辉煌时期。大家请看，这座依川西乡间民居风格所建造的

茅屋，分别有客堂、书房、卧室、厨房，完全一副住家的样子。大家可以从中体验一下当年杜甫的茅屋生活。杜甫一生怀才不遇，但他寓居成都草堂的这段时间，生活比较安定，心绪也较为宁静，创作的诗歌也大多具有田园风味。现在我们所看见的茅屋是依据杜甫诗歌中的描写及明代重修草堂时的格局所恢复重建的。茅屋中溪水环抱，绿树成荫，芳草青青，有一种返璞归真的意境。但杜甫毕竟是一位有远大抱负的人，所以忧国忧民的诗歌仍是他创作的重要组成部分，其中尤以《茅屋为秋风所破歌》感人至深，堪称不朽之作——"安得广厦千万间，大庇天下寒士俱欢颜，风雨不动安如山！呜呼！何时眼前突兀见此屋，吾庐独破受冻死亦足！"由于茅屋在风雨中飘摇，杜甫写下了这首脍炙人口的诗篇。他希望普天下的穷苦人家都能住进宽敞的大房子，哪怕当下自己受冻死去也行！就是这样的一个诗人，在风雨夜想到的还是世间苍生，由此可见杜甫是一个有着仁者情怀的人，不愧被誉为"诗圣"。杜甫在成都创作的诗歌给我们留下了宝贵的文学财富，所以世人把杜甫草堂视为中国文学史上的一块圣地。

朋友们，如果说武侯祠是用来纪念满朝文武、英雄豪杰的殿堂，这里就是纪念一个客居成都多年的诗人的厅堂，所以您在游览时可尽情地去想象诗人的身世、经历，以及那些美妙无比的诗篇。

好了，接下来我们将前往草堂遗址发掘区继续游览。

实训练习

一、阅读范文、释难解疑

首先，在教师指导下，阅读杜甫草堂旅游景区（点）简介和讲解词范文，熟悉景区（点）的概况。

其次，将范文中的《茅屋为秋风所破歌》进行延伸阅读，并解释其含义。

最后，参照范文，根据自己的讲解特点和表达习惯，将范文做梳理与微调；选择适当的讲解技巧，将范文转化为适合自己讲解风格的解说词，完成对杜甫草堂旅游景区（点）的讲解练习。

二、分解练习、循序渐进

首先，朗读范文，规范读音，理顺语句词汇，运用恰当的讲解方式和技巧，完成对杜甫草堂旅游景区（点）的口头讲解初期练习。

其次，对杜甫草堂旅游景区（点）范文中的地理位置、少陵草堂、杜诗文化等，做到巧记熟记，不能出错。

再次，讲解时要求声音洪亮、吐字清楚，普通话标准流畅、语速适当。

然后，根据杜甫草堂旅游景区（点）的特点，决定是否需要讲解器等辅助设备。

最后，分段落记忆与背诵，反复多次模拟讲解练习，逐步完成对杜甫草堂旅游景区（点）的流畅讲解，直至达到"考核评价"的要求。

★活动三　考核评价

将学生分成若干个小组，每组六人，一人担任讲解员，其他人扮演游客进行模拟讲解实训训练，组内成员轮流担任模拟讲解员。模拟讲解完毕后，成员填写"任务评价"表格。

【任务评价】

评价项目	自我评定	小组评定	教师评定
仪容仪表（10）			
礼节礼貌（15）			
语音语调（10）			
口头表达（20）			
体态语言（10）			
讲解内容（20）			
讲解技巧（15）			
总评（等级评定）			
等级评定：优（90分以上）　良（80～89分）　中（70～79分）　合格（60～69分）　不合格（60分以下）			

【实训心得】

_____

_____

_____

_____

任务十二　成都金沙遗址博物馆旅游景区（点）讲解实训

★活动一　课前预习

一、博物馆旅游代表性景点——成都金沙遗址博物馆旅游景区（点）简介

成都金沙遗址博物馆位于成都市西郊青羊区金沙遗址路。金沙遗址是中国进入21世纪以来第一项重大考古发现，2006年被评为"全国重点文物保护单位"。金沙遗址于 2001 年 2 月 8 日被发现，是一处商周时期的古蜀文化遗址。遗址内目前已发现祭祀区、宫殿区、墓葬区、居民生活区等。据考证，金沙遗址是继三星堆文明以后古蜀文化的又一都邑所在，也是三千多年前成都的政治、经济、文化中心。金沙遗址当年即被评为"2001 年全国十大考古发现"。目前，金沙文化已经和都江堰、大熊猫一起被列为成都市三大文化品牌。

二、实训前的准备

物质准备：讲解证、导游旗、随身包、记事本、成都金沙遗址博物馆景区（点）游览图、便携式讲解器、遮阳伞（雨伞）等。

心理准备：充满自信，告诉自己一定能完成接待任务，坚定吃苦耐劳的信念，了解游客的需求，分析成都金沙遗址博物馆景区（点）的哪些方面游客最感兴趣，熟悉成都金沙遗址博物馆景区（点）的讲解词范文。

形象准备：干净的头发、大方得体的衣着、轻便且易于行走的鞋，男士不得留胡须，女士不得化浓妆，不留长指甲。

仔细核实接待计划，根据客人的特点选择适合的讲解风格。

★活动二　讲解词范文赏析及讲解实训练习

📖模拟范文赏析

成都金沙遗址博物馆旅游景区（点）讲解词

各位游客，大家好！欢迎您来到成都金沙遗址。金沙遗址位于成都市西郊青羊区金沙遗址路，距离市中心约 5 千米，占地面积 456 亩。金沙遗址是于 2001 年 2 月

8 日下午中房集团成都房地产总公司在这里施工时意外发现的，堪称中国进入 21 世纪以来第一项重大考古发现，2006 年被评为"全国重点文物保护单位"。遗址内出土的文物有不少独特之处，其中以"三最"最为出名，即古代象牙最集中、金器最多、玉器最多。金沙遗址的发现被考古界评为"继三星堆遗址后，中国考古又一重大发现"。好了，现在就让我们一起走进金沙遗址去探索 3000 多年前的神秘古蜀王国吧。

今天我们游览的路线是遗迹馆、陈列馆、文物保护中心和园林区。因为进入馆内参观的游客较多，所以请大家紧跟团队，并自觉爱护馆内文物，不要吸烟。

从博物馆的东大门进来，现在我们已经来到了遗址的核心区陈列馆。陈列馆建筑面积 1.62 万平方米，分为 5 个展厅，而其中尤以千年绝唱厅为重中之重。千年绝唱厅荟萃了金沙遗址最有特色的 30 余件精品，当中以"太阳神鸟"金饰、金冠带、金面具、十节玉琮、玉璋、跪坐石人像、铜带柄领璧、石虎等最令人瞩目。其中"太阳神鸟"的创作还可能与"金乌负日"的神话传说有关。大家请看展厅内的面具，

它在人类早期的祭祀活动中是巫师常用的沟通神灵的工具，具有祈福迎祥、驱鬼除邪以及歌舞娱神之用。金沙的先民是崇尚黄金的，而金沙遗址中的金面具是目前中国同时期形体最大、保存最为完整的金面具。现在我们就来看看这个被老百姓称为超级国宝的金面具。该面具宽 19.5 厘米，高 11 厘米，厚 0.04 厘米，重 46 克；面方形，额齐平；长方形面凸起，大立眼，三角形鼻高挺，有两个鼻孔，阔口，长方形耳，耳垂有一圆孔；下颌齐平，内折。从金面具背面的痕迹，可以推测它可能是附着在某种物体之上，应是古蜀时期的神祇面具。金面具的时代当在商周之时，距今约 3000 多年。

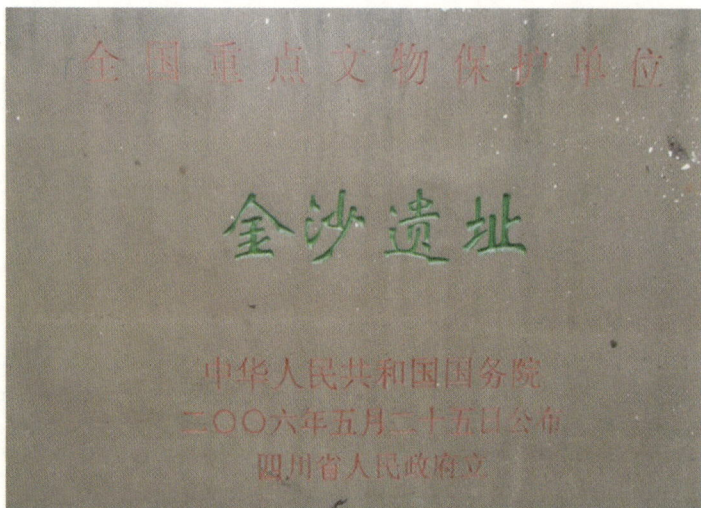

各位游客，这里我想告诉大家一点，金沙遗址的金面具与三星堆遗址一、二祭祀坑出土的青铜人头像、青铜人面具在造型风格上的一致，再次证明了金沙遗址与三星堆遗址有着紧密的承袭关系。现在请大家闭上眼睛，充分发挥一下您的想象力：3000年前古蜀王国的巫师们头戴金面具，身着华丽的服饰，神情威严庄重，在祭祀台上祈求风调雨顺、五谷丰登、天下太平、多子多福。这时忽然雷电交加，大雨倾盆……

好了，还是让我们回到现实中，睁大双眼去慢慢地领略 3000 多年前古蜀王国的文明吧！现在请大家自由参观，谢谢大家。

📚 实训练习

一、阅读范文、释难解疑

首先，在教师指导下，阅读金沙遗址博物馆旅游景区（点）简介和讲解词范文，熟悉景区（点）的概况。

其次，将范文中的"太阳神鸟""十节玉琮"等进行延伸阅读，并解释其含义。

最后，参照范文，根据自己的讲解特点和表达习惯，将范文做梳理与微调；选择适当的讲解技巧，将范文转化为适合自己讲解风格的解说词，完成对金沙遗址博物馆旅游景区（点）的讲解练习。

二、分解练习、循序渐进

首先，朗读范文，规范读音，理顺语句词汇，运用恰当的讲解方式和技巧，完成对金沙遗址博物馆旅游景区（点）的口头讲解初期练习。

其次，对金沙遗址博物馆旅游景区（点）范文中的地理位置、太阳神鸟、金沙文化等，做到巧记熟记，不能出错。

再次，讲解时要求声音洪亮、吐字清楚，普通话标准流畅、语速适当。

然后，根据金沙遗址博物馆旅游景区（点）的特点，决定是否需要讲解器等辅助设备。

最后，分段落记忆与背诵，反复多次模拟讲解练习，逐步完成对金沙遗址博物馆旅游景区（点）的流畅讲解，直至达到"考核评价"的要求。

★ 活动三　考核评价

将学生分成若干个小组，每组六人，一人担任讲解员，其他人扮演游客进行模拟讲解实训训练，组内成员轮流担任模拟讲解员。模拟讲解完毕后，成员填写"任务评价"表格。

【任务评价】

评价项目	自我评定	小组评定	教师评定
仪容仪表（10）			
礼节礼貌（15）			
语音语调（10）			
口头表达（20）			
体态语言（10）			
讲解内容（20）			
讲解技巧（15）			
总评（等级评定）			
等级评定：优（90分以上）　良（80～89分）　中（70～79分）　合格（60～69分）　不合格（60分以下）			

【实训心得】

_____

_____

_____

_____

模块五　四川其他典型著名景区（点）讲解员实训

模块目标

知识目标

★ 了解四川七个典型著名景区（点）的概况

★ 熟悉四川七个典型著名景区（点）的传说、典故和历史

★ 掌握四川七个典型著名景区（点）的讲解技巧

能力目标

★ 能以景区（点）讲解员服务礼仪要求规范自己的仪容、仪表、仪态

★ 能灵活运用讲解技巧对四川七个典型著名景区（点）进行模拟讲解

★ 能正确运用富有感染力的语言对四川七个典型著名景区（点）进行
　 模拟讲解

情感目标

★ 培养学生爱岗敬业、吃苦耐劳的职业精神

模块描述

天府之国，美丽四川

　　作为四川的景区（点）讲解员，学习不同类型的景区（点）的特点，掌握适合的讲解技巧是非常必要的。近年来，四川旅游正以每年30%左右的速度迅猛发展。2012年，四川的旅游增加值已占到全省GDP的6.8%，旅游业已经成为四川的经济支柱产业之一。凭借丰富的自然风光，悠久的文化遗产和独特的民族风情，美丽四川已成为全球旅游胜地。因此，作为景区讲解员，对四川几个典型景区（点）的讲解技巧是必须要掌握的。激滟秋水里的童话世

界，人间仙境，水之秘境——九寨沟；人间瑶池——黄龙；东方圣山，蜀山皇后，摄影家的天堂——四姑娘山；窗含西岭千秋雪，南方的林海雪原——西岭雪山；世界水利文化的鼻祖，千年古堰——都江堰；国宝的萌约——成都熊猫基地；道教发源地——青城山……大美四川，美在它的圣洁，美在它的纯粹，美在它的厚重，美在它的可爱。作为景区讲解员，你如何向全世界的游客介绍她的美好呢？

美丽四川

天府之国，美丽四川

一名优秀的景区（点）讲解员，要善于把握不同类型景区（点）的特点，善于满足不同类型客源的需求，善于运用风格不一的讲解技巧。本模块以《四川省旅游发展十二五规划》和《四川精品旅游线路》中的七个典型旅游景区（点）为训练平台，引导学生在训练中领会自然景观、人文景观的不同个性，体会多种讲解技巧的兼容并蓄，为学生拓宽景区认知，形成讲解风格打下坚实的基础。

四川是中国东西交融、南北过渡的走廊，多年来既有利于糅合吸收东西民族之长，又是南北文化交流的要冲。长江黄河两大流域文明的精华哺育出博大奇绝的巴蜀文化。亿万年沧海桑田，四川的山水人文独具风骨，往来游人无不因悦水观山、论功看萌而流连忘返。

悦水，这里有水波在高原晕染出的五彩蜀锦——九寨沟，有千层碧水蜿蜒出的人间瑶池——黄龙；观山，这里有凤仪天下的蜀山皇后——四姑娘山，子美笔下的窗含西岭千秋雪——西岭雪山；论功，这里有泽被后世、灌溉天府的千年古堰——都江堰；看萌，这里有回眸一眼，倾城倾国的使者——大熊猫；论道，这里有一生二，二生三，三生万物的道教发源地之一——青城山。

大美四川，山是它的风骨，水是它的血脉，林是她的秀发，文是它的气质。自然物种气象万千，民风民俗气质各异，志士贤人卓尔不群。四川，期待游客的细心发现。

景区（点）讲解是游客领悟四川气质、感受四川秀美的最佳平台。作为四川精神的窗口和文化交融的桥梁，你如何向全世界的游客传递四川的美好呢？九寨、黄龙的柔，四姑娘山的秀，西岭雪山的俊，都江古堰的润，国宝熊猫的萌，青城山的道法自然待你一一道来。

模块分析

作为四川的景区（点）讲解员，要对七个典型景区（点）的概况、传说、典故及历史进行个性化的讲解，就必须深入了解景区（点）的具体情况，善于利用不同的讲解技巧，综合考虑景区（点）特点，切实做好典型景区（点）的讲解工作。

知识连接

景区（点）小名片

九寨沟——世界自然遗产，世界人与生物圈保护区，荣获"绿色环球21"认证，国家重点风景名胜区，国家级自然保护区，中国旅游胜地四十佳，国家5A级旅游景区，国家级森林公园。

黄龙——世界自然遗产，世界人与生物圈保护区，荣获"绿色环球21"认证，国家重点风景名胜区，中国旅游胜地四十佳，国家5A级旅游景区。

四姑娘山——世界自然遗产，大熊猫栖息地，十大登山名山之一，国家重点风景名胜区，国家级自然保护区，国家5A级旅游景区。

西岭雪山——世界自然遗产，大熊猫栖息地，国家4A级旅游景区，国家重点风景名胜区。

都江堰——世界自然遗产，国家级风景名胜区，全国重点文物保护单位，国家5A级旅游景区。

成都熊猫基地——联合国环境规划署颁发的"全球500佳"，中华绿色科技金奖，全国环境综合治理优秀工程，四川省百佳绿化先进单位，四川省科普教育示范基地，国家4A级旅游景区。

青城山——世界文化遗产，世界自然遗产，全国重点文物保护单位，国家重点风景名胜区，国家5A级旅游景区，全球道教全真教圣地，中国道教四大名山之一。

模块任务

本模块主要针对四川其他典型著名景区（点）的讲解员讲解实训练习，力求使学生通过对本模块的学习，能完成以下任务。

任务一：能参照九寨沟旅游景区（点）的模拟讲解词范文，完成对九寨沟旅游景区（点）的讲解，并完成【任务评价】和【实训心得】的填写。

任务二：能参照黄龙旅游景区（点）的模拟讲解词范文，完成对黄龙旅游景区（点）的讲解，并完成【任务评价】和【实训心得】的填写。

任务三：能参照四姑娘山旅游景区（点）的模拟讲解词范文，完成对四姑娘山旅游景区（点）的讲解，并完成【任务评价】和【实训心得】的填写。

任务四：能参照西岭雪山旅游景区（点）的模拟讲解词范文，完成对西岭雪山旅游景区（点）的讲解，并完成【任务评价】和【实训心得】的填写。

任务五：能参照都江堰旅游景区（点）的模拟讲解词范文，完成对都江堰旅游景区（点）的讲解，并完成【任务评价】和【实训心得】的填写。

任务六：能参照成都大熊猫繁育研究基地旅游景区（点）的模拟讲解词范文，完成对成都大熊猫繁育研究基地旅游景区（点）的讲解，并完成【任务评价】和【实训心得】的填写。

任务七：能参照青城山旅游景区（点）的模拟讲解词范文，完成对青城山旅游景区（点）的讲解，并完成【任务评价】和【实训心得】的填写。

任务一 九寨沟旅游景区（点）讲解实训

★ 活动一 课前预习

一、九寨沟旅游景区（点）简介

九寨沟位于四川省阿坝藏族羌族自治州（以下简称阿坝州）九寨沟县漳扎镇，是白水沟上游白河的支沟，以有九个藏族村寨（又称何药九寨）而得名。九寨沟海拔在 2000 米以上，遍布原始森林，沟内分布 108 个湖泊，以水景最为奇丽，有"童话世界"之誉。九寨沟呈"Y"字形分布，其中，树正沟处于"Y"的下支，左支为则查洼沟，右支为日则沟。

知识连接

九寨沟已开树正、日则、则查洼、扎如四条旅游风景线，总长度达 60 余千米，景观分布在树正、诺日朗、剑岩、长海、扎如、天海六大景区。以翠海（高山湖泊）、叠瀑、彩林、雪山、藏情、蓝冰"六绝"驰名中外。九寨一年四季均可旅游，尤以秋季为最佳。

黄龙以彩池、滩流、雪山、峡谷、森林、瀑布"六绝"著称于世，是集大型露天岩溶钙华景观、自然风光、民族风情为一体的综合型风景名胜区。主景区黄龙沟的巨型岩溶钙华景观是当今世界规模最大、保存最完好的喀斯特地貌。

二、九寨沟旅游景区（点）传说

藏民族是一个男性占主体地位的民族，崇拜大山，信仰神灵。相传，九寨沟有两座特别的大山。其中一座雄伟高大，气势不凡，头顶白帽，身披紫袍，腰挂利剑，形同巨人一般，这就是藏族山神达戈。它具有神的灵性、山的伟岸。在达戈山对面的那座清新秀丽的山峰便是达戈仰慕已久的女山神色嫫。

达戈和色嫫纯真的爱情遭到魔鬼破坏，达戈被迫与魔鬼展开殊死决斗。魔鬼打碎了达戈送给色嫫的镜子，镜片落在地上，碎成 108 块，达戈和色嫫也变成了这两座相向而望的山峰。

这个传说在藏民族中流传了很久，谁也没有想到，1982 年人们真的发现了那108 块碎片，它们已经变成了 108 个晶莹剔透、色彩斑斓的湖泊。藏民们向往大海却身居山中，所以把高山湖泊比作海的儿子，故名"海子"。1982 年就是九寨沟最早被发现并公之于众的时间。

三、实训前的准备

物质准备：讲解证、导游旗、随身包、记事本、九寨沟旅游景区游览图、便携式讲解器、遮阳伞（雨伞）等。

心理准备：充满自信，告诉自己一定能完成接待任务，坚定吃苦耐劳的信念，了解游客的需求，分析九寨沟旅游景区（点）的哪些方面游客最感兴趣，熟悉九寨沟旅游景区（点）的讲解词范文。

形象准备：干净的头发、大方得体的衣着、轻便易且于行走的鞋，男士不得留胡须，女士不得化浓妆，不留长指甲。

仔细核实接待计划，根据客人的特点选择适合的讲解风格。

★ 活动二　讲解词范文赏析及讲解实训练习

📖 模拟范文赏析

九寨沟旅游景区（点）讲解词（沟口到树正寨段）

女士们、先生们，大家好！欢迎大家来到"人间仙境"——四川阿坝州九寨沟景区。我是景区讲解员小张，在这里，请允许我代表阿坝州的人民热忱欢迎你们的到来，希望我的讲解服务能为你们此次九寨之旅增添一份温馨、一份快乐。游客朋友们，进入九寨沟，你们就是阿坝州最尊贵的客人，就是九寨沟童话世界里的公主和王子，希望你们在沟内玩得开心，玩得尽兴。九寨沟是拥有"世界自然遗产"和"世界生物圈保护区"两项国际桂冠的自然风景名胜区。它位于中国四川省西北部阿坝藏族羌族自治州境内的九寨沟县中南部，在岷山山脉南段，属长江水系嘉陵江源头的一条支沟。九寨沟因有九个藏族村寨而得名。九寨沟景色秀丽奇艳，世间罕见。藏族人信奉神灵，他们认为九寨沟的一草一木、山山水水都是神灵所恩赐，所以我们尊重九寨沟人民的风俗就是对九寨沟的最大尊重，也是对九寨沟藏族人民的最大尊重。我们希望您在享受大自然的同时，能做到不在沟内吸烟，不乱丢垃圾，不投食喂鱼，不攀树摘花。在这里我代表九寨沟人民感谢您的合作和对我们工作的支持！

　　九寨沟保护区总面积720平方千米，外围保护区600平方千米，保护缓冲区为110平方千米，旅游开放区为140平方千米。以诺日朗为中心，由树正沟、日则沟和则查洼沟组成，风光独特，景色优美，山水宜人，正等着您的光临。我们今天是乘坐景区的观光车进行游览，树正沟这一段的美景我们将在车上逐一欣赏，到树正寨后，我们将下车参观。现在，我来给大家介绍一下沿途风光。

　　现在请大家往车窗外看，车窗右边就是树正沟的第一个藏寨，名为荷叶寨，它是九寨沟内最繁华的村寨之一。自从九寨沟开发为景区之后，村寨中的藏民一改过去游牧和农垦的生活方式，定居在寨中，原有古老的木结构房屋现在已成了家庭旅舍，他们用香喷喷的酥油茶、甘甜的青稞酒热情款待每位慕名而来的远方贵客。

　　所谓步移景异，车动景变，现在请大家继续看车窗左边的景点。这个景点叫作盆景滩，远远看去，就像一个巨大的盆景一样。其实它是钙质流的形态，在乳白色的钙质层上面渗着一层薄薄的水，水中生长着喜爱水性的白杨、杜鹃、松树、柳树，这些树在滩流上形态各异、千姿百态，仿佛修剪精巧的盆景，让人赏心悦目。

现在，我们的车又到了一个景点。请看，我们眼前的是半沼泽湖泊芦苇海，芦苇海海拔 2140 米，全长 2.2 千米，两旁是半人高的芦苇，而中间是一条规整清澈的水道。这一条碧绿的水道蜿蜒穿行其中，异常美丽。这样的美景传说是仙女色嫫路经芦苇海时留下的一条彩带。

转眼，车已经开到双龙海了。大家请看，在双龙海中，由海中的钙化物堆积形成了两条在水中的堤埂，犹如两条巨龙潜伏水底，因此得名双龙海。说起双龙海，还有一个传说呢。相传，双龙因贪玩，疏忽职守，造成洪水泛滥，给九寨人民带来了许多的痛苦。格萨尔王一气之下将两条龙镇压在一大一小的两个海子中。在公路边能够看到一条龙，而在对面的栈道上，还可以看到另一条小龙。

咱们九寨沟的水是九寨沟的灵魂，一步一变幻，一步一个景，眼前的这个景点就是这么一个好地方。请看，这路旁水深 9 米的火花海就是一个漂亮的海子。清晨的时候，旭日东升，湖上波光如焰、金碧耀眼；黄昏的时候，落日斜照翠海，千万朵火花于水中绽放，灿烂热烈。无论春夏秋冬，只要有阳光，火花都会在湖面盛开、闪烁，因此得名火花海。

刚才我们已经讲过九寨沟双龙的故事了，接下来的这个景点也是与龙有关，名字叫作卧龙海。我们可以看到，乳黄色的钙化堤横卧于深 22 米的湖心中，宛若一条腾飞的游龙。卧龙海海拔 2215 米，面积约 6.1 万平方米。卧龙海海底有条乳黄色的碳酸钙沉淀物，外形就像一条沉卧水中的巨龙，栩栩如生。湖面平静时，清澈的湖水下，卧龙如同沉睡水底，任由人们欣赏；微风轻拂湖面，阵阵涟漪泛起，龙身仿佛在徐徐蠕动；风稍强时，湖波波浪起伏，卧龙就像乍被惊醒，摇头摆尾；如果山风强劲，平静的湖面瞬间破碎，卧龙会霎时消失得无影无踪。

各位请看，正前方这一带美景被称为树正群海，它由大小不等的 41 块海子组成，在这里形成了"树在水中长，水在林中流"的奇景。这里也是树正寨所在地了，一会儿车停稳后，我们依次下车，我将带各位零距离赏析树正寨和树正群海的美景，这树正群海被称为九寨沟的缩影，而且，下面的树正栈桥、古老的石磨和水转经筒，曾经是电影《自古英雄出少年》主要景点的拍摄地哦。大家一定很想看看了吧，不要着急，一会儿就随我前去参观吧。

🖥📚 实训练习

一、阅读范文、释难解疑

首先，在教师指导下，阅读九寨沟旅游景区（点）简介和讲解词范文，熟悉景区（点）的概况。

其次，将范文中提到的九寨沟景区中的景点整理出来，并找到其特色。

最后，参照范文，根据自己的讲解特点和表达习惯，将范文做梳理与微调；选择适当的讲解技巧，将范文转化为适合自己讲解风格的解说词，完成对九寨沟旅游景区（点）的讲解练习。

二、分解练习、循序渐进

首先，朗读范文，规范读音，理顺语句词汇，运用恰当的讲解方式和技巧，完成对九寨沟旅游景区（点）的口头讲解初期练习。

其次，对九寨沟旅游景区（点）范文中的地理位置、地质成因等，做到巧记熟记，不能出错。

再次，讲解时要求声音洪亮、吐字清楚，普通话标准流畅、语速适当。

然后，根据九寨沟旅游景区（点）的特点，决定是否需要讲解器等辅助设备。

最后，分段落记忆与背诵，反复多次模拟讲解练习，逐步完成对九寨沟旅游景区（点）的流畅讲解，直至达到"考核评价"的要求。

★ 活动三　考核评价

将学生分成若干个小组，每组六人，一人担任讲解员，其他人扮演游客进行模拟讲解实训训练，组内成员轮流担任模拟讲解员。模拟讲解完毕后，成员填写"任务评价"表格。

【任务评价】

评价项目	自我评定	小组评定	教师评定
仪容仪表（10）			
礼节礼貌（15）			
语音语调（10）			
口头表达（20）			
体态语言（10）			
讲解内容（20）			
讲解技巧（15）			
总评（等级评定）			
等级评定：优（90分以上）　良（80～89分）　中（70～79分）　合格（60～69分）　不合格（60分以下）			

【实训心得】

_____

_____

_____

_____

任务二　黄龙旅游景区（点）讲解实训

★ 活动一　课前预习

一、黄龙旅游景区（点）简介

黄龙风景区位于四川省阿坝州松潘县境内，主景区黄龙沟位于岷山主峰雪宝顶山下。景区面积 1340 平方千米，核心景区面积 700 余平方千米，最低海拔 1700 米，最高海拔 5588 米。黄龙景区由黄龙沟、丹云峡、牟尼沟、雪宝顶、雪山梁、红星岩、西沟等景区（点）组成。主景区黄龙沟的巨型钙华岩溶景观是当今世界规模最大、保存最完好的喀斯特地貌，有世界三大之最：最壮观的露天钙华彩池群、最大的钙华滩流、最大的钙华塌陷壁。

钙华彩池是黄龙最主要的景观。黄龙的彩池一共有 8 群 2300 多个,彩池层层相连,由高到低,呈梯田状排列。这些彩池大的几十平方米,小的只有几平方米。池中的碳酸钙在沉积过程中与各种有机物和无机物结成不同质的钙华体,再加上光线照射的种种变化,便形成了池水的不同颜色。黄龙洞属于钙华洞穴景观。黄龙沟流淌的雪水,终年渗透在洞内,形成各种钟乳石和石笋。黄龙洞是中国最大的钙华洞穴,同时也是中国冰期最长的天然冰洞。

二、黄龙旅游景区(点)传说

过去人们都把黄龙称为黄龙寺,因为明朝时驻松潘兵马使朝觐在沟内修建有改善龙前寺、中寺、后寺三座寺庙。现在前寺已荡然无存,中寺仅剩凤音殿,后寺也只有一座院落。"黄龙"一名则是根据两个古老的传说而来。一种说法是大禹治水时,有一条黄龙负舟帮助大禹疏通岷江,到了松潘后留在了黄龙沟内。《松潘县志》记为:"禹治水至茂州,黄龙负舟助禹治水,自茂州而上,始有岷江……后黄龙修道而去,遗五色山水于世,世人建寺,岁岁朝祀。"另一种说法是古代有位黄龙真人在此修道成仙而去。后人为纪念黄龙真人,在沟内修建黄龙寺。《松潘县志》中也有类似的记载:"黄龙寺,明兵马使马朝觐所建,亦雪山寺。相传黄龙真人修道于此,故名。有

前中后三寺，殿阁相望，各距五里。"

两条记载都源于传说，当然也就没有必要去探就谁真谁假。但可以肯定的是，这里是先有黄龙沟，后有黄龙寺，"黄龙"一名肯定与沟内景物有关，所以我们还是称之为"黄龙"风景名胜区。

三、实训前的准备

物质准备：讲解证、导游旗、随身包、记事本、黄龙旅游景区（点）游览图、便携式讲解器、遮阳伞（雨伞）等。

心理准备：充满自信，告诉自己一定能完成接待任务，坚定吃苦耐劳的信念，了解游客的需求，分析黄龙旅游景区（点）的哪些方面游客最感兴趣，熟悉黄龙旅游景区（点）的讲解词范文。

形象准备：干净的头发、大方得体的衣着、轻便且易于行走的鞋，男士不得留胡须，女士不得化浓妆，不留长指甲。

仔细核实接待计划，根据客人的特点选择适合的讲解风格。

★ **活动二　讲解词范文赏析及讲解实训练习**

📖 **模拟范文赏析**

黄龙旅游景区（点）讲解词

游客朋友，大家好！欢迎你们来到黄龙。我是黄龙景区的讲解员，现在由我为大家介绍一下黄龙的概况。

黄龙位于四川省阿坝州松潘县境内的岷山主峰雪宝顶山下，是国务院公布的全国第一批重点风景名胜区。1992 年，黄龙景区同九寨沟景区一道被列入联合国世界自然遗产名录。黄龙沟长约 7 千米，景区段 4.7 千米，景区海拔 3145～3575 米，平均纵坡降为 8.7%。黄龙景观的形成与从沟顶端分水岭处流出的一股泉水有直接关系。泉水富含碳酸钙类，它顺坡漫流而下，没有固定的河床。溪水在顺坡而下的过程中，碳酸钙物质逐渐沉淀，形成了以乳白色和淡黄色为基调的钙华景观。上段和下段因坡地较平缓，碳酸钙流泉遇阻沉积而形成层层叠叠如玉石砌成的池子，地质学上称为泉化台。黄龙沟的中段是一条约 1.5 千米长的坡状乳黄色钙华沉积带，称为"金沙铺地"。黄龙景观以雪山和森林拱卫着无数形态各异的钙华彩池为主要特色，人们几乎无法用语言来形容这些彩池的艳丽奇巧，只好尊奉它为"人间瑶池"。

　　现在我们看到的黄龙沟口经过的这一条小河就是涪江的源头，这个桥叫作涪源桥。过了涪源桥，沿着林间小道进入沟口，迎接我们的第一组梯级水池，被命名为"迎宾池"。它由 100 多个以蓝色为基调的彩池组成，池子大小不一，形态各异，山间石径环绕着池子曲折盘旋，把游人迎进景区，又把游人送往景区深处。池子周围古树参天，群花争艳；池子的堤埂如玉石、玛瑙铸成，玲珑剔透。池中清水，湛蓝透绿。阳光透过树隙照在湖面上，变幻着黄、绿、蓝各种色调。微风吹过，池中泛起阵阵彩色涟漪，格外清艳动人，这便是人们赞叹不已的"黄龙彩池"的第一处景观了。

告别迎宾池，现在我们踏上用木头搭成的人行栈道。在我们的左前方，我们可以看到有碧水先从密林中冲出，又从高约 10 米、宽约 60 米的崖沿上飞泻而下，在起伏不定的崖壁上几经跌宕，形成数十道梯级瀑布。有的如帘瀑高挂，云蒸雾腾；有的似断线珍珠，串串滚落。水瀑后面的崖壁，透视出了金黄色为基调的钙华结晶面，使瀑布更显得富丽堂皇。如果遇到落日余晖的点染，瀑布还会变幻出不同的色彩，似道道彩霞呈现在我们眼前。因此，人们给它取了个富有诗情画意的名字"飞瀑流辉"。瀑布顶端的彩池既是瀑布的水源，又是与瀑布迥然不同的景观。飞瀑是那样的辉煌、奔放，彩池则显得分外宁静、恬静。它们在大自然的鬼斧神工下，共同组成了一道动静和谐而完美的风景线。

刚才走过了"飞瀑流辉"斜坡，我们已经徜徉在五颜六色的彩池群畔，不知不觉到了黄龙沟第二级台阶前。横亘在我们面前的是一面高约 10 米、宽约 40 米的乳黄色崖壁。崖壁表面厚厚的钙华层像围幔，又像悬瀑，十分壮美。崖壁表面溪水漫流，像一层薄薄的轻纱飘飘洒洒地铺展在崖壁上，跌落在金黄色的池盆里。岩壁下端有一溶洞，高约 1 米，宽约 1.5 米，洞前帘瀑似串串珍珠悬垂，洞内景物隐约可见。洞内 1 米处，密密麻麻的钟乳石挡住了去路，还没有人去探测此洞到底有多深。据地质学者考证，该洞是古代冰川的一个出水口。因其古老、神秘，当地藏民说它是古时候仙人们洗澡的地方，并取名"洗身洞"。传说，凡人如想修行得道，必须先赤身裸体进洞洗净身体。这"至圣至洁"的洗身洞，由钙华物质结晶而成。据说在洞内用自然流淌下来的泉水洗涤足部，可以洗刷掉过去的罪孽和全身的疾病，获得圣洁的身躯。由于洗身洞富有神秘色彩，当地藏民中又传说不孕妇女进洞洗身后可喜得贵子。这个传说颇富吸引力，因而进去尝试者还大有人在，不仅有中国人，甚至还有外国人。不过我奉劝各位，身体不壮实者千万不要轻易进洞去试，因洞内虽然洁净，但潮湿、阴冷、寒气逼人，经不起这样"考验"的人，不但达不到"净身"的目的，反而会遭受疾病缠身。所以，请大家一定要慎重。

我们现在翻越了钙华崖壁，眼前的景象豁然开朗，展现在我们面前的是偌大一片坡状钙华景观，这就是被人们称为"金沙铺地"的钙华流。它长约 1500 米，宽 100 米左右。据有关专家认定，这是目前世界上发现的同类形态景观中面积最大、色彩最丰富的一处。坡面的岩溶层凹凸不平，色调以金黄色为主，间或有乳白色、灰色、暗绿色板块镶嵌其中。坡面上荡漾着一层薄薄的清流，由于水流受坡面鳞状的钙华层而形成变幻莫测的银色涟漪，好似金河泻玉。零零散散生活在钙华坡地上的一簇簇水柳、灌木丛，以极其顽强的生命力与强风、劲流抗争，诉说着景观的古老历史。爬上金沙铺地的顶端，俯视整个钙华坡面，竟是两侧低、中间一溜脊梁，且表面呈鳞状，宛如一条黄色的蛟龙俯卧在坡面。到了这里，朋友们一定已经想到这里为什么叫"黄龙"了吧，对，其名字就是源于这条坡状钙华流！

由于海拔较高，估计大家都有些累了吧，那大家就在这里稍作休息，10 分钟后，再随我继续往上欣赏黄龙美景。谢谢大家。

📚 实训练习

一、阅读范文、释难解疑

首先，在教师指导下，阅读黄龙旅游景区（点）简介和讲解词范文，熟悉景区（点）的概况。

其次，将范文中的"金沙铺地"钙华流进行调查了解，并熟记其成因。

最后，参照范文，根据自己的讲解特点和表达习惯，将范文做梳理与微调；选择适当的讲解技巧，将范文转化为适合自己讲解风格的解说词，完成对黄龙旅游景区（点）的讲解练习。

二、分解练习、循序渐进

首先，朗读范文，规范读音，理顺语句词汇，运用恰当的讲解方式和技巧，完成对黄龙旅游景区（点）的口头讲解初期练习。

其次，对黄龙旅游景区（点）范文中的地理位置、钙华地质景观成因等，做到巧记熟记，不能出错。

再次，讲解时要求声音洪亮、吐字清楚，普通话标准流畅、语速适当。

然后，根据黄龙旅游景区（点）的特点，决定是否需要讲解器等辅助设备。

最后，分段落记忆与背诵，反复多次模拟讲解练习，逐步完成对黄龙旅游景区

（点）的流畅讲解，直至达到"考核评价"的要求。

★活动三 考核评价

将学生分成若干个小组，每组六人，一人担当讲解员，其他人扮演游客进行模拟讲解实训训练，组内成员轮流担任模拟讲解员。模拟讲解完毕后，成员填写"任务评价"表格。

【任务评价】

评价项目	自我评定	小组评定	教师评定
仪容仪表（10）			
礼节礼貌（15）			
语音语调（10）			
口头表达（20）			
体态语言（10）			
讲解内容（20）			
讲解技巧（15）			
总评（等级评定）			
等级评定：优（90分以上） 良（80～89分） 中（70～79分） 合格（60～69分） 不合格（60分以下）			

【实训心得】

_____

_____

_____

_____

任务三 四姑娘山旅游景区（点）讲解实训

★活动一 课前预习

一、四姑娘山旅游景区（点）简介

知识链接

四姑娘山位于四川省阿坝州小金县与汶川县交界处，属青藏高原邛崃山脉。四姑娘山风景名胜区由四姑娘山、双桥沟、长坪沟、海子沟组成，主要景点 120 余个，主峰幺妹峰海拔 6250 米，被称为"蜀山皇后"。景区内自然生态保护良好，植被茂盛，生物种类繁多，有金丝猴、牛羚、雪豹、小熊猫、毛冠鹿、藏马鸡、盘羊、黑熊等国家一、二类保护动物 30 余种，有"雉类和画眉的乐园"之美称。

四姑娘山由四座连绵不断的山峰组成，它们从北到南，在 3～5 千米范围内一字排开，其高度分别为 6250 米、5355 米、5279 米、5038 米。四座山峰长年被冰雪覆盖，犹如头披白纱、姿容俊俏的四位少女，依次屹立在长坪沟和海子沟两道"银河"之上，其中最高最美的雪峰就是幺妹"四姑娘"。

从成都出发，乘车向西北行经都江堰、卧龙到日隆，全程 245 千米。 1982 年，四姑娘山被列为我国十大登山名山之一；1994 年，被列为国家重点风景名胜区；1996 年，被载入国家级自然保护区名录；2000 年，成为国家首批 4A 级旅游区；2005 年，被批准为国家级地质公园；2006 年，被列为四川大熊猫栖息地世界遗产。迄今为止，已经有美、日、意、英等十多个国家和地区的登山队登顶。

二、四姑娘山景区（点）的传说

相传，在很久很久以前，日隆洪水泛滥，人们饱受自然灾害的苦难。万山之祖扎依扎嘎为拯救生灵，派遣了三位非常精明能干的山神下凡，他们分别是斯格拉、阿叶仁娜和都尔麦。在拯救苍生的过程中，阿叶仁娜和斯格拉相爱了，但与此同时都尔麦也爱

知识链接

在阿坝州金川、小金、马尔康、理县、黑水和汶川部分地区，甘孜州丹巴县、康定县部分地区以及雅安市、凉山州等地，居住着讲藏语方言嘉绒语，并以农业生产为主的嘉绒藏族。藏区称这地区的藏民为"绒巴"（农区人）。

上了阿叶仁娜。

当三位山神完成了拯救生灵的任务之后，阿叶仁娜嫁给了斯格拉，都尔麦陷入了"痛苦和落魄之中"。后来阿叶仁娜为斯格拉生下了四个可爱的女儿，她们长大成人后更是一个比一个美丽。最小的四姑娘当然是最美最聪明的，她的一举一动重新打动了都尔麦的心。都尔麦备上礼物向四姑娘求婚，斯格拉拒绝了他。都尔麦再次受到打击之后，便丧失了自己的理性，开始由神转化为魔。都尔麦趁斯格拉和阿叶仁娜熟睡之际，打开了天河，让天河的水奔泻到人间，大地又被洪水淹没。斯格拉和阿叶仁娜化为两座大山，挡住了天河的水。四位姑娘和都尔麦搏斗一番后，逃到了外祖母阿姚婆婆那儿。四姑娘为了拯救苍生，同时也拯救都尔麦，留下三个姐姐在阿姚婆婆那儿养伤，自己骑上阿姚婆婆的神雕，找到了万山之主扎依扎嘎。她向扎依扎嘎的儿子贡嘎大哥学习用绣花针编织云朵、风、雨、雷、电等本事。四姑娘不仅美丽，而且非常能干与好学，不久便赢得了贡嘎的喜爱。贡嘎送给她一件定情之物——雪山白玉石，又送给她三件宝物——一副弓箭、一面日月宝镜、一件变幻无穷的五色百鸟衣，用于降服都尔麦。

当四姑娘返乡时，扎依扎嘎大神给了四姑娘三颗沙棘，要四姑娘找机会给都尔麦服下，这样就能救都尔麦。扎依扎嘎叮嘱她，雪山白玉石千万不要吞进肚里，否则她会化成一座山，然后目送四姑娘骑上神雕离去。

四姑娘回到日隆，先放出神雕，通知姐姐和阿姚婆婆，然后自己穿着百鸟羽衣找到了都尔麦。四姑娘试着说服都尔麦，都尔麦根本不听。他们进行了一场恶战，四姑娘一边变化，一边打，一边劝说都尔麦。都尔麦凶相毕露，又去扒开天河。四姑娘无奈，只得抛出宝镜将都尔麦照住，并用弓箭射中了他。趁都尔麦嚷叫时，四姑娘给都尔麦吞下了三颗沙棘。此时大地已一片汪洋，万物生灵又处在水深火热之中。沙棘发挥了作用，都尔麦消除了恶性，感到万般惭愧。为了赎罪，他便化为一座大山去挡天河的水，可是根本挡不住，于是四姑娘接连抛出了弓箭、百鸟羽衣、日月宝镜，化为一座座大山去挡天河水。阿姚婆婆此时和三个姐姐也骑着神雕过来。阿姚婆婆看水势很大，首先和神鹰变成山挡住了西边缺口，可是东边的缺口仍然很大。最后，四姑娘和三个姐姐牵着手，吞下雪山白玉石，她们一起化为四座山峰，终于挡住了天河下来的洪水。姑娘们以她们博大的爱，让万物生灵重建了自己的家园，让这里处处尽仙境，毡房飘奶香。

三、实训前的准备

物质准备：讲解证、导游旗、随身包、记事本、四姑娘山景区（点）游览图、便携式讲解器、遮阳伞（雨伞）等。

心理准备：充满自信，告诉自己一定能完成接待任务，坚定吃苦耐劳的信念，了解游客的需求，分析四姑娘山旅游景区（点）的哪些方面游客最感兴趣，熟悉四姑娘山旅游景区（点）的讲解词范文。

形象准备：干净的头发、大方得体的衣着、轻便且易于行走的鞋，男士不得留胡须，女士不得化浓妆，不留长指甲。

仔细核实接待计划，根据客人的特点选择适合的讲解风格。

★活动二 讲解词范文赏析及讲解实训练习

📖模拟范文赏析

四姑娘山旅游景区（点）讲解词

各位游客朋友，大家好！欢迎您来到四姑娘山双桥沟景区。我是景区讲解员扎西卓玛，大家可以叫我卓玛。今天我将带大家游览双桥沟。双桥沟全长 34.8 千米，面积 216.6 平方千米。当地老百姓为了便于通行，在沟内搭建了两座木桥，双桥沟因此得名。这里有 37 条纵横交错的沟壑溪涧，高山雄峙，景色秀美，是四姑娘山最有代表性的景区，也是目前唯一能够坐汽车进入的一条沟。

大家看，我们左边这条河叫沃日河。它发源于巴朗山，流经小金县城，流到甘孜藏族自治州的丹巴县，注入大渡河。当地老百姓也称它为赞拉河，意思是山神河。沃日河总长度为 125 千米，从日隆镇到小金县只有 51 千米。小金县原名懋功，新中国成立后根据境内的小金川河而改名小金。小金的苹果十分有名，近年开发的沙棘饮料也非常好喝。今天回镇上以后大家不妨去商店看一看，尝一尝，或带一些回去与家人分享。

现在我们进入的这段峡谷被称为阴阳谷，两岸绝壁对峙，山林耸翠。阿妣河从中流过，河宽仅 10 米，水流湍急。现在太阳已经出来了，这边有太阳光照着，而另一边却照不到，真可谓一阴一阳。大自然安排的美景就全靠大家用心去领会，用爱去拥抱，用眼睛和照相机去捕捉了。

现在大家已进沟 8 千米，请大家抬头，远远地我们就可以看到四姑娘的百鸟羽衣化成的五色山了。五色山是阿坝州最典型的褶皱山，因地壳运动形成，在巨大的山体上镶嵌着一条约 5 公里长，由赤、黄、青、兰、白五色组成的半圆彩弧岩层，色彩排列近 30 层，非常规则，像古树横切后出现的半圈年轮。每当太阳正照时，它便会反射出五道淡淡的光晕，尤其是雨过天晴，五色山就会清晰地现出一条彩弧，非常神奇。

请大家注意看我们两边特别漂亮的绿树，它们就是被称为维 C 之王的沙棘树。双桥沟的沙棘树不仅成片成林，生长茂密，而且特别高大。很多人认识的沙棘树是粗不到碗口，高不过 5 米，这里的沙棘树却有不少粗大到一人合抱不住，有的高达七八米，被称为"沙棘王"。一走进沙棘林，那碧绿泛光的伞状树冠，虬曲傲岸的黝黑枝干，营造出景区亮丽的风景。如果是秋天，树上密密排列的金色果实，如寒冬蜡梅怒放，更是让人兴奋不已。请大家继续前行，再往前去还有很多处风景如画的沙棘林等着各位呢！

这片沙棘林的上方就是日月宝镜岩。请大家顺着我手指的方向看，对面山体有古铜色、白色和黄色的石头镶嵌在山间，好似一面镜子的镜架，而峰顶上那巨大的四方形岩石，平整如镜，中部一条巨大的裂缝将镜面一分为二，这就是由四姑娘的日月宝镜变化而成的山岩。由于峰高海拔 4800 米，"镜面"多数时间积雪不化，在阳光、月光的照射下，就会出现金光万道或者寒光四射的壮观景色。

我们面前这个上千平方米的宽阔草坡叫人参果坪，因生长人参果而得名。人参果，藏语叫觉玛，长在草根，大小不一，味道鲜美甘甜，可以食用，也可入药，益气补血。人参果坪的风景十分美丽，草坪上绿草如茵，星星点点的小花点缀其间，曲折盘绕的河流泛动着清亮的波浪，河对面山坡上千姿百态的绿树，掩映着银白滚动的小溪，几只野牧的看不清是小羊还是小猪，悠闲地在溪边移动着……多么宁静，多么清纯的大自然景色。您可以举起相机，把眼前的美景同您一起记录下来。这边有沟内牧民们专门为您准备的民族服装，有兴趣的朋友可以牵着一匹马或者傍着一头牦牛拍照，那感觉就更棒了。好了，大家在这里自由休息一刻钟吧，之后我再带大家去参观金枪岩。愿大家玩得开心。

📖 实训练习

一、阅读范文、释难解疑

首先，在教师指导下，阅读四姑娘山旅游景区（点）简介和讲解词范文，熟悉景区（点）的概况。

其次，将范文中的"阴阳谷"进行调查了解，并看看四川还有哪些地方有类似的气象奇观。

最后，参照范文，根据自己的讲解特点和表达习惯，将范文做梳理与微调；选择适当的讲解技巧，将范文转化为适合自己讲解风格的解说词，完成对四姑娘山旅游景区（点）的讲解练习。

二、分解练习、循序渐进

首先，朗读范文，规范读音，理顺语句词汇，运用恰当的讲解方式和技巧，完成对四姑娘山旅游景区（点）的口头讲解初期练习。

其次，对四姑娘山旅游景区（点）范文中的地理位置、民族风俗习惯、沙棘功效及作用等，做到巧记熟记，不能出错。

再次，讲解时要求声音洪亮、吐字清楚，普通话标准流畅、语速适当。

然后，根据四姑娘山旅游景区（点）的特点，决定是否需要讲解器等辅助设备。

最后，分段落记忆与背诵，反复多次模拟讲解练习，逐步完成对四姑娘山旅游景区（点）的流畅讲解，直至达到"考核评价"的要求。

★ **活动三　考核评价**

将学生分成若干个小组，每组六人，一人担任讲解员，其他人扮演游客进行模拟讲解实训训练，组内成员轮流担任模拟讲解员。模拟讲解完毕后，成员填写"任务评价"表格。

【任务评价】

评价项目	自我评定	小组评定	教师评定
仪容仪表（10）			
礼节礼貌（15）			
语音语调（10）			
口头表达（20）			
体态语言（10）			
讲解内容（20）			
讲解技巧（15）			
总评（等级评定）			
等级评定：优（90分以上）　良（80～89分）　中（70～79分）　合格（60～69分）　不合格（60分以下）			

【实训心得】

_____

_____

_____

_____

任务四　西岭雪山旅游景区（点）讲解实训

★ 活动一　课前预习

一、西岭雪山旅游景区（点）简介

知识链接

　　西岭雪山是四川省成都市辖范围内的一座雪山，也是秦岭淮河以南最好的雪山。西岭雪山主峰 5353 米，是离城市最近的 5000 米以上的山峰，是初级登山爱好者的最佳选择。西岭雪山滑雪场面积约 7 平方千米，有初级、中级、高级滑道，在南方地区属于绝无仅有的大型滑雪场。

　　西岭雪山分为前山和后山，前山从山脚登顶大约需要 8 小时，不过冬天去的话大雪封山，山路的阶梯都已经被大雪完全覆盖，所以时间可能会延长。由于登顶后到的是日月坪，从日月坪下山必须坐索道，所以如果想从后山下山，必须在下午 3 点前登顶。户外滑雪气温很低，一定要准备足够保暖的衣物。另外，记得戴一双保暖性好又能灵活操作相机的手套。

　　国家级风景名胜区西岭雪山位于四川省成都市大邑县境内，距成都仅 95 千米，配套建成了高等级水泥路面公路，交通十分便捷。景区总面积约 483 平方千米。景区内有终年积雪的大雪山，海拔 5353 米，为成都第一峰，在阳光照射下，洁白晶莹，银光灿烂，秀美壮观。云海、日出、森林佛光、阴阳界、日照金山等变幻莫测的气象景观，茫茫的原始林海，数不尽的奇花异草，罕见的珍禽异兽，终年不断的激流飞瀑，组成了一个壮观旖旎、神秘奇特的高山自然风景区。西岭雪山属立体气温带，四季可游，春天山花烂漫，高山杜鹃成林；夏天瀑布成群；秋天满山红叶；冬天雪景迷人，是成都近郊不可多得的休闲、度假、避暑、登山、游雪的大型旅游区。西岭雪山属世界自然遗产、大熊猫栖息地、4A 级旅游景区、国家重点风景名胜区。

二、西岭雪山旅游景区（点）传说

鸳鸯池的爱情故事：传说很久以前，鸳鸯池火山爆发，当地民不聊生。一青年男子为救乡民以身堵火，可他纵身火山口后火山仍在喷发，于是深爱这名男子的姑娘也跳了下去，奇迹出现了，火山终于停止喷发，并溢出一股清泉。其后每到夏天，池中鸳鸯成群。

知识链接

"窗含西岭千秋雪，门泊东吴万里船。"唐代大诗人杜甫寓居成都草堂，西眺成都远郊，看到矗立天际的大雪山雄姿，写下了此千古绝句，西岭雪山因此而得名。

知识链接

据成都理工大学地球科学学院教授殷继成说，2亿年前，成都西岭雪山确实是火山多发区，不排除两个洞口是古代火山口的可能性。在四川境内还未发现现代火山，鸳鸯池有可能是冰川融化后形成的湖泊，但具体成因还需要进一步考证。

三、实训前的准备

物质准备：讲解证、导游旗、随身包、记事本、西岭雪山景区（点）游览图、便携式讲解器、遮阳伞（雨伞）等。

心理准备：充满自信，告诉自己一定能完成接待任务，坚定吃苦耐劳的信念，了解游客的需求，分析西岭雪山旅游景区（点）的哪些方面游客最感兴趣，熟悉西岭雪山旅游景区（点）的讲解词范文。

形象准备：干净的头发、大方得体的衣着、轻便且易于行走的鞋，男士不得留胡须，女士不得化浓妆，不留长指甲。

仔细核实接待计划，根据客人的特点选择适合的讲解风格。

★ 活动二　讲解词范文赏析及讲解实训练习

📖 模拟范文赏析

西岭雪山旅游景区（点）讲解词

各位游客大家好，欢迎来到西岭雪山旅游。我是今天的讲解员小张，今天由我带大家游览西岭雪山。

西岭雪山位于四川省成都市大邑县境内，距成都仅95千米，总面积约483平方千米。景区内有终年积雪的大雪山，海拔5353米，为成都第一峰，在阳光照射下，洁白晶莹，银光灿烂，秀美壮观。西岭雪山属立体气温带，四季可游，春天山花烂漫，高山杜鹃成林；夏天瀑布成群；秋天满山红叶；冬天雪景迷人，是成都近郊不可多得的休闲、度假、避暑、登山、游雪的大型旅游区。

在这里大家可以体会到南国冰雪，虽然没有北方的严寒，却完全具有北国的风光。大家请看，这遍地白雪与丛林山地谱成一曲冬季恋歌，融浸浪漫的南国雪韵。以西岭雪山为代表的南国冰雪游是一条特色精品旅游线。由于地势及地质原因，我们成都山地的积雪期从头年 12 月持续到次年 3 月，最低气温可达到零下 10℃。这里的冰雪和北方的不同，积雪比北方的松软，更适于游客玩雪、赏雪，而这里也是我们南国冰雪节的主会场。山体垂直高度差异而形成了冰挂、雪松、冰瀑等独具韵味的冬季美景。近几年常在这里进行冰雪运动和冰雪娱乐的游客自然会感受到别样风情。

各位游客，现在我们已经来到了西岭雪山滑雪场。这里积雪期厚度达 30～80 厘米，雪质优良。滑雪场拥有 2500 多套世界名牌滑雪器具，十多台移动造雪机和顶级法国约克地下管网造雪系统，七条国际标准滑雪道，可容纳 2000 人同时滑雪。为保证游客玩得好，滑雪场从加拿大和日本进口了 35 台雪地摩托，从欧洲进口了蛇形滑雪车、雪上飞碟、雪上滑车等设施，还建成了国内唯一的大型雪上游乐园。

滑雪是一项非常惬意而又刺激的运动，我们不仅要使用专业的滑雪器材，穿上专门的滑雪服装，还需要学习比较标准的滑雪技术。接下来我们将会请专业教练教大家，在此之前，请各位游客学会《滑雪者宣言》：

滑雪时，不要超出你的能力范围；不要滑行过快，除非这样做你能确保安全；注意周边的滑雪者状态，尤其是拥堵的滑雪道上；滑雪时要特别小心，滑累了，请一定停下来休息；不要从抢道滑行；严禁在滑雪过程中追逐、打闹。

好啦，大家记住了吗？如果都记住了，那现在我们开始行动，尽情享受南国冰雪吧！谢谢大家。

实训练习

一、阅读范文、释难解疑

首先，在教师指导下，阅读西岭雪山旅游景区（点）简介和讲解词范文，熟悉景区（点）的概况。

其次，将范文中的"冬季体育运动"进行归类整理，看看在讲解过程中，哪些活动适合在冬季开展。

最后，参照范文，根据自己的讲解特点和表达习惯，将范文做梳理与微调；选择适当的讲解技巧，将范文转化为适合自己讲解风格的解说词，完成对西岭雪山旅游景区（点）的讲解练习。

二、分解练习、循序渐进

首先，朗读范文，规范读音，理顺语句词汇，运用恰当的讲解方式和技巧，完成对西岭雪山旅游景区（点）的口头讲解初期练习。

其次，对西岭雪山旅游景区（点）范文中的地理位置、植物生态景观、冰雪运动等，做到巧记熟记，不能出错。

再次，讲解时要求声音洪亮、吐字清楚，普通话标准流畅、语速适当。

然后，根据西岭雪山旅游景区（点）的特点，决定是否需要讲解器等辅助设备。

最后，分段落记忆与背诵，反复多次模拟讲解练习，逐步完成对西岭雪山旅游景区（点）的流畅讲解，直至达到"考核评价"的要求。

★ 活动三　考核评价

将学生分成若干个小组，每组六人，一人担任讲解员，其他人扮演游客进行模拟讲解实训训练，组内成员轮流担任模拟讲解员。模拟讲解完毕后，成员填写"任务评价"表格。

【任务评价】

评价项目	自我评定	小组评定	教师评定
仪容仪表（10）			
礼节礼貌（15）			
语音语调（10）			
口头表达（20）			
体态语言（10）			
讲解内容（20）			
讲解技巧（15）			
总评（等级评定）			
等级评定：优（90分以上）　良（80～89分）　中（70～79分）　合格（60～69分）　不合格（60分以下）			

【实训心得】

_____

_____

_____

_____

任务五　都江堰旅游景区（点）讲解实训

★ 活动一　课前预习

一、都江堰旅游景区（点）简介

知识链接

都江堰是中国建设于古代，并使用至今的大型水利工程，被誉为"世界水利文化的鼻祖"，是全国著名的旅游胜地。人们通常认为，都江堰水利工程是由战国时期秦国蜀郡太守李冰及其子率众于公元前 256 年左右修建的，是全世界迄今为止，年代最久、唯一留存、以无坝引水为特征的宏大水利工程。

世界文化遗产——都江堰位于首批中国优秀旅游城市都江堰市城西，距四川省会成都市仅 30 分钟车程，距双流国际机场 58 千米，交通十分便捷。景区地处内陆亚热带地区，年平均气温 16℃，冬无严寒，夏无酷暑，环境优美，气候宜人，水质、空气都达到国际标准，全年均适合旅游。

知识链接

都江堰景区面积为 220 公顷，核心游览区面积 120 公顷，古南桥、离堆古园、都江堰水利工程三大主体工程、安澜索桥、松茂古道等 20 多个重要景点串联成旅游环线。独特的地理条件和生态环境造就了都江堰山、水、城、林、堰、桥融为一体的独特风光，具有极强的观赏性、生态性、特色性。

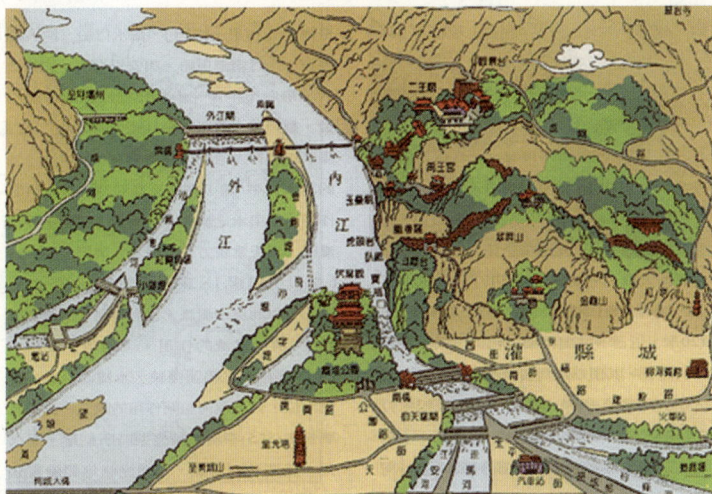

都江堰不仅是举世闻名的中国古代水利工程，也是著名的风景名胜区。都江堰附近景色秀丽，文物古迹众多，主要有伏龙观、二王庙、安澜索桥、玉垒关、离堆公园、玉垒山公园、玉女峰、灵岩寺、普照寺、翠月湖、都江堰水利工程等景点。2000年，联合国世界遗产委员会第24届大会上，根据联合国《保护世界文化和自然遗产公约》第一条第二款有关文化遗产定义的规定，都江堰由于水利工程历史悠久、规模宏大、布局合理、运行科学，且与环境和谐结合，在历史和科学方面具有突出的普遍价值，被确定为世界文化遗产。

二、都江堰旅游景区（点）传说——李二郎降恶龙

相传，战国时期，川西坝子经常涨大水，李冰叫李二郎去上游看个明白。二郎走进玉垒山，听到一间茅草房里有人在伤心地哭，走进去一看，是一位白发老太婆。二郎问她哭啥，她说："岷江出了条孽龙，动不动就涌水害人。它要求大家每年六月二十四送猪牛羊祭献它，三年大祭时，还要送童男童女。我就要看不到我那可怜的小孙女啦！"二郎恭恭敬敬地说："婆婆不要着急，你的小孙女不会走啦！"老太婆仔仔细细地朝二郎看了一阵，说："小伙子，你是来收孽龙的吧，可要小心啊！"二郎说："婆婆说得对，您老人家贵姓？"那老太婆说："姓王，娘家住在骊山，人们叫我骊山老母。"

二郎告别，走了几步，回头一看，那茅草房忽然不见了，才晓得是神仙来点化他。二郎回去把王婆婆的话说给李冰听了，他们商量一阵，想了个收拾孽龙的主意。

六月二十四那天，李冰传话，他要亲自给孽龙敬献供品。像往年一样，他在江神庙内摆好祭坛，献上供品，请来一拨吹鼓手，吹吹打打。不一会儿，孽龙来了，他进庙门，先把祭坛两边的一对童男童女盯了又盯，觉得今年的这两个都不像娃儿，有一个好像还长有三只眼睛。孽龙心虚，不敢再朝前走，转身要开溜。这时候，装扮成童女的二郎，三只眼睛一齐睁开，唰一声亮出了三尖两刃刀。那个装成童男的煤山弟兄，随带哮天犬，一齐围过来。孽龙吓得不住打冷噤，急忙往河里跑，二郎也跟到河头。孽龙在浪里一滚，变成个水鸭子，冲出浪花，朝二峨山飞去。二郎的神眼看到了它，马上变成个老鹰追上去，眼看快抓到时，孽龙却把翅膀一收，一头钻进山弯深潭。二郎的神眼一扫，晓得孽龙要从暗河逃跑，一屁股坐在暗河出口处，假装洗脚。孽龙刚刚钻出来，二郎用脚使劲一夹，可惜夹慢了一点，只夹住几根尾巴毛。孽龙一下变成黑鱼，潜到水底。二郎马上变成鱼老鸹（学名：鸬鹚），追着逮它。孽龙一冲上岸，变成一丈多长的蜈蚣，用毒须去扫二郎。哪晓得二郎变成了八丈高的大鸡公，要啄蜈蚣。孽龙赶忙吐毒液，趁烟雾跑了。

孽龙跑到青城山王婆岩，变成个游山大汉。它肚子饿慌了，看见路边有个小店在卖担担面，老板娘正在案板上搓面条。孽龙走进店内，求老太婆快给他下碗青城甜水面。老太婆满口应承，很快就端出来了。孽龙三扒两下吃完面，还想再吃一碗，突然肚子七拱八翘痛起来。它赶忙拿手去按，一按痛得要命，额头上豆大的汗珠不住冒，恶心想吐。它晓得上当了，抬眼一看，二郎追来了，心头一急，哇的一声，吃下去的面条全都吐出来了，只有一根粗的卡在喉咙管。它往地上一看，面条全变成了铁链子，卡在喉咙管的那一截，直勾在心尖上。孽龙回头想问老太婆，她早就死死地抓住铁链子，正拿着交给二郎。二郎对她拱手说："谢过骊山老母。"这一下孽龙全明白了。它还想逃脱，就使劲奔出去，滚到沟边。二郎追赶来逮到链子一扯，孽龙现出原形，用尾巴一扫，二郎跌坐在大石上，屁股在石头上印下两个坑。孽龙扫过的岩边，玉光水滑的，如今叫作"龙滚边"，但它还是没有逃脱。二郎牵着它，从王婆岩龙洞子地道，押到离堆脚下的伏龙潭，锁在那里的铁柱上，叫它吐水灌田。

百姓为了纪念李冰和二郎的功劳，在离堆上修了一座庙，名叫"伏龙观"。

三、实训前的准备

物质准备：讲解证、导游旗、随身包、记事本、都江堰旅游景区（点）游览图、便携式讲解器、遮阳伞（雨伞）等。

心理准备：充满自信，告诉自己一定能完成接待任务，坚定吃苦耐劳的信念，了解游客的需求，分析都江堰旅游景区（点）的哪些方面游客最感兴趣，熟悉都江堰旅游景区（点）的讲解词范文。

形象准备：干净的头发、大方得体的衣着、轻便且易于行走的鞋，男士不得留胡须，女士不得化浓妆，不留长指甲。

仔细核实接待计划，根据客人的特点选择适合的讲解风格。

★ 活动二　讲解词范文赏析及讲解实训练习

📖 模拟范文赏析

都江堰旅游景区（点）讲解词

各位游客朋友，大家好！欢迎您来到都江堰旅游景区参观游览。我是景区讲解员小张，今天的参观游览由我带领大家，希望我的讲解能给大家带来愉快的感受。

首先，向各位介绍一下这伟大的千古名堰——都江堰水利工程。都江堰在成都的西面约 70 千米处，它是中华民族几千年劳动人民的杰作，是当今世界唯一留存到现在还在工作的古代水利工程。都江堰建于战国末期，也就是公元前 256 年。秦国蜀郡太守李冰为了治理岷江水患，率领当地老百姓凿开离堆，穿江修建了这一伟大的水利工程，建成后有效地控制了水患，变害为利，使川西平原变成了沃野千里的

"天府之国"。

李冰利用岷江出山口的山麓弧形，运用弯道环流原理，采用疏导型无坝引水方式，建成了由鱼嘴、飞沙堰、宝瓶口组成的三大主体工程，实现了自动分水、自动泄洪排沙、自动引水灌溉的科学系统。它是世界上迄今唯一留存年代最久远，且不断发挥实际作用的生态型无坝引水工程。古人的智慧使它功效独到，景观奇特。后人不断总结、建设，充分保持了都江堰的永续利用价值，并保持了其原来的形态和结构，完整无缺。2000年，都江堰与青城山一同被联合国教科文组织列入《世界文化遗产名录》。

各位，我们现在所走的这条路叫堰功道，记录的是历代能人志士修建和管理都江堰的事。在2000多年的历史长河中，都江堰一直发挥着灌溉效益，而且在不断增加。这不仅是李冰科学选址、设计、施工的结晶，也是历代派驻的四川官吏和有识之士的努力所贡献的伟大成果。为了纪念治水先贤，弘扬他们的奉献精神，都江堰人修建了这条长150米、宽14米的堰功道。堰功道左右两边分置了十二尊古朴凝重的铜雕像，他们都是从秦汉时期开始，唐、宋、元、明、清历代治水建堰功绩卓越的有功之臣。正是由于他们对都江堰水利工程不断加固维修，才使都江堰发挥了2000多年的作用。

大家也可以看到，主道左右各有一条小沟，我们称其为龙吟沟。龙吟沟共有大小龙头248个向沟中吐水。可能各位会觉得奇怪，为什么会偏偏设计248个龙头呢？其实它是体现了道教思想中无极生太极，太极生两仪，两仪变四相，四相演八卦之说，寓天人合一、道法自然之意。堰功道最前面是两尊巨龙载负的功德碑，左刻"天府源头水"，右为"先贤治水功"。

可能细心的朋友已经注意到了，在每尊塑像的中间都伴有千年古桩银杏，古树参天，桩头经历千年风雨沧桑，其实这也体现了古堰天人合一的道教思想。

银杏树是成都市的市树和都江堰的代表树。当然，最引人注目的要数我们右侧的这株"张松银杏"。相传该树是三国时期张松种植的，距现在已有1700多年的历史了，"千年古树已成精"。传说该树原植于彭县三圣寺内，曾化鹤而出，被猎人击伤追至三圣寺，只见银杏伤口淌血，意为银杏具有千年灵性。张松银杏为雄树，千年来都未结一果，自申报文化遗产成功后，居然结出跨世纪的硕果，乃一大奇闻。

两侧铜像后面是紫薇林，每当花开之时，壮观不已。各位朋友，大家在堰功道上景随步移，念堰功人物，赏千年古树，叹沧桑岁月，不知各位有何感想呢？好了，看完堰功道，接下来请随我到下一个景点参观吧。

实训练习

一、阅读范文、释难解疑

首先，在教师指导下，阅读都江堰旅游景区（点）简介和讲解词范文，熟悉景区（点）的概况。

其次，将范文中的"蜀郡治水理念"进行延伸阅读，并解释其科学内涵体现在哪里。

最后，参照范文，根据自己的讲解特点和表达习惯，将范文做梳理与微调；选择适当的讲解技巧，将范文转化为适合自己讲解风格的解说词，完成对都江堰旅游景区（点）的讲解练习。

二、分解练习、循序渐进

首先，朗读范文，规范读音，理顺语句词汇，运用恰当的讲解方式和技巧，完成对都江堰旅游景区（点）的口头讲解初期练习。

其次，对都江堰旅游景区（点）范文中的地理位置、工程修建原理、银杏文化等，做到巧记熟记，不能出错。

再次，讲解时要求声音洪亮、吐字清楚，普通话标准流畅、语速适当。

然后，根据都江堰旅游景区（点）的特点，决定是否需要讲解器等辅助设备。

最后，分段落记忆与背诵，反复多次模拟讲解练习，逐步完成对都江堰旅游景区（点）的流畅讲解，直至达到"考核评价"的要求。

★ 活动三　考核评价

将学生分成若干个小组，每组六人，一人担任讲解员，其他人扮演游客进行模拟讲解实训训练，组内成员轮流担任模拟讲解员。模拟讲解完毕后，成员填写"任务评价"表格。

【任务评价】

评价项目	自我评定	小组评定	教师评定
仪容仪表（10）			
礼节礼貌（15）			
语音语调（10）			
口头表达（20）			
体态语言（10）			
讲解内容（20）			
讲解技巧（15）			
总评（等级评定）			
等级评定：优（90分以上）　良（80～89分）　中（70～79分）　合格（60～69分）　不合格（60分以下）			

【实训心得】

_____

_____

_____

_____

任务六　成都大熊猫繁育研究基地旅游景区（点）讲解实训

⭐ 活动一　课前预习

一、成都大熊猫繁育研究基地旅游景区（点）简介

知识链接

　　成都大熊猫繁育研究基地以造园手法模拟大熊猫野外生态环境，营建了适宜大熊猫及多种珍稀野生动物生息繁衍的生态环境。这里常年圈养着80余只大熊猫以及小熊猫、黑颈鹤、白鹤等珍稀动物。

　　为了达到保护大熊猫物种，壮大其种群，最终将大熊猫放归野外的目的，成都大熊猫繁育研究基地在第二、第三期工程建设中，为大熊猫修建了仿野生的生态环境。大熊猫繁育研究基地四周翠竹葱茏，绿树成荫，花香鸟语，空气清新，山野风光和人工景观巧妙融合。大熊猫、小熊猫、黑颈鹤等珍稀濒危动物在这里悠然自得地生息繁衍。馆舍内、草坪上，大熊猫或卧或坐，或饮或嬉，或进或出，各得其所，令人陶醉。

　　成都大熊猫繁育研究基地位于四川省成都市北郊斧头山侧的浅丘上，距市区现已成为国内开展大熊猫等珍稀濒危野生动物移地保护的主要基地之一。那里常年饲养大熊猫、小熊猫、黑颈鹤、白鹳、白天鹅、黑天鹅、雁、鸳鸯及孔雀等动物。在由68科300多种高等植物所构成的人工生态植被基地内栖息着野生鸟类29科90多种。

成都大熊猫繁育研究基地现建有齐全的各种大熊猫繁育所必需的设施，有兽舍、饲料室、医疗站、大熊猫纪念馆和实验楼，还种有大熊猫食用的上万丛竹子和灌木。纪念馆内共展出各类珍贵的图片资料800多幅，展示主要采自四川的各类标本实物2140多种12450多件（只）。其中兽类标本100多种、鸟类标本300多种、两栖和爬行类标本240多种、鱼类标本230多种、蝴蝶及其他昆虫标本1100多种、化石及模型标本100多种，古今中外文献专著80多件，形成了以人类对大熊猫的认识研究、保护拯救和饲养繁育为主题的，展示、宣传和保护大自然生物多样性的综合性博物馆。

成都市人民政府已做出三期扩建工程的规划，扩建后的大熊猫基地面积达230多公顷，将着力为大熊猫创造近似于野外的生活环境，将人工繁育的大熊猫经过野化训练和适应性过渡阶段后，再放归野外栖息地，以最终达到延续和保存这一珍稀濒危物种之目的。

二、大熊猫小档案

大熊猫属于食肉目、熊科的一种哺乳动物，体色为黑白两色。它有着圆圆的脸颊，大大的黑眼圈，胖嘟嘟的身体，标志性的内八字的行走方式，也有解剖刀般锋利的爪子，是世界上最可爱的动物之一。大熊猫已在地球上生存了至少800万年，被誉为"活化石"和"中国国宝"，是世界自然基金会的形象大使，是世界生物多样性保护的旗舰物种。据第三次全国大熊猫野外种群调查，全世界野生大熊猫不足1600只，属于中国国家一级保护动物。截至2011年10月，全国圈养大熊猫数量为333只。大熊猫最初是吃肉的，经过进化，99%的食物都是竹子了，但牙齿和消化道还保持原样，因此仍然被划分为食肉目。野外大熊猫的寿命为18~20岁，圈养状态下可以超过30岁。大熊猫的主要栖息地是中国四川、陕西和甘肃的山区。

大熊猫的历史可谓源远流长。迄今所发现的最古老的大熊猫成员——始熊猫的化石出土于中国云南禄丰和元谋两地，地质年代约为800万年前的晚中新世。在长期严酷的生存竞争和自然选择中，和它们同时代的很多动物都已灭绝，但大熊猫却是强者，处于优势，成为"活化石"保存到了今天。

三、实训前的准备

物质准备：讲解证、导游旗、随身包、记事本、成都大熊猫繁育研究基地旅游景区（点）游览图、便携式讲解器、遮阳伞（雨伞）等。

心理准备：充满自信，告诉自己一定能完成接待任务，坚定吃苦耐劳的信念，了解游客的需求，分析成都大熊猫繁育研究基地旅游景区（点）的哪些方面游客最感兴趣，熟悉成都大熊猫繁育研究基地旅游景区（点）的讲解词范文。

形象准备：干净的头发、大方得体的衣着、轻便且易于行走的鞋，男士不得留胡须，女士不得化浓妆，不留长指甲。

仔细核实接待计划，根据客人的特点选择适合的讲解风格。

★ 活动二　讲解词范文赏析及讲解实训练习

📖 **模拟范文赏析**

成都大熊猫繁育研究基地旅游景区（点）讲解词

各位游客，早上好！欢迎您来到成都大熊猫繁育研究基地。我是讲解员小张，能为大家服务我感到非常荣幸，希望今天的参观能给大家留下美好的回忆。

成都大熊猫繁育研究基地又名熊猫生态公园，它建于 1987 年 3 月，现占地面积为 547 亩，约 37 公顷。成都大熊猫繁育研究基地现有大熊猫 46 只，其中有 5 只在日本和歌山县动物园，2 只在美国亚特兰大动物园，还有几只在国内其他城市展出。在这里，除了大熊猫，您还可以看到小熊猫以及黑颈鹤等国家珍稀动物。今天我们的行程安排是：沿这条主干道参观成年大熊猫—幼年大熊猫—大熊猫产房—小熊猫—天鹅湖—大熊猫博物馆—大熊猫魅力剧场，整个行程 90 分钟左右。

大熊猫距今已有约 800 万年的历史，属食肉目动物，但它们的自卫和进攻性器官的功能已经大大下降，所以已没有能力再捕食到别的动物。或许是出于对生存的强烈渴望，聪明的大熊猫选择了分布比较广，而且四季常青的竹子为主食。如果说动物也可以像人类一样有爱国情结的话，那么大熊猫理应当选为"最爱国的动物"。各位一定想知道这是为什么吧。您看，800 万年以来，它们可一直没有离开过我们的祖国母亲啊，各位认为呢？当然，这只是个玩笑。

曾经有一首非常流行的歌谣，我记得这首歌是这样唱的："竹子开花啰喂，咪咪躺在妈妈的怀里，数星星，星星呀星星多美丽，明天的早餐在哪里？"大家对这首歌还有印象吗？大家猜猜，咪咪指的是什么呢？它们为什么会发出这样的感叹呢？

对了，咪咪当然就是我们的国宝大熊猫了。原来这首歌曲说的是在 20 世纪 80 年代初，由于四川岷山、邛崃山系的竹子大面积开花枯死，致使主要靠进食竹子为生的野外大熊猫的生存受到很大的威胁。为了更好地保护大熊猫这一濒危物种，政府采取了紧急措施，并且成立了专家组抢救野外病危的大熊猫。当灾情得到控制后，政府决定，留下 6 只大熊猫在成都开展移地保护工作，这就是最初的熊猫基地了。通过十多年的不懈努力，我们已从 6 只大熊猫的基础上发展到现在的 46 只大熊猫，成为全球最大的大熊猫移地保护中心。

联合国环境规划署于 1995 年授予基地"全球 500 佳"荣誉，以此表彰基地在模拟野外大熊猫生存环境，进行大熊猫移地保护工作方面所取得的显著成绩。

大家请看，矗立在基地大门口的汉白玉大熊猫母子雕像就是为提高人们对大熊猫和自然环境的保护意识而特建的。

各位游客，在左前方的荣誉榜上我们可以看到基地在其他领域所获得的嘉奖，如"博士后工作站""中华绿色科技金奖""全国科普教育基地"等。作为全国科普教育基地，在每年的春、秋两季都会有许多中、小学生到这里参观学习。

经过碧草如茵的草坪，我们现在来到了竹林长廊。大家可能会被这里浓厚的竹林氛围所感染，认为我们现在看到的这些竹子是大熊猫每天吃的竹子。其实这些竹子是观赏竹，有观音竹、琴丝竹等。由于大熊猫的口味更适合高山及亚高山竹类，所以在熊猫基地，熊猫们吃的竹子都是从彭州、都江堰等地购回的。竹子品种有上千种，在野外工作的科考人员从大熊猫的粪便中发现它们常吃的竹子有 60 多种，喜食的竹子有 27 种左右，如箭竹、方竹、白夹竹、若竹等。随着季节的变化，大熊猫食谱中竹子的种类也会随之而变，唯一不变的是它们对竹笋的喜爱，因为竹笋幼嫩多汁、可口，并且容易消化吸收，可谓熊猫们的美味佳肴。

大家看到的左面这座大楼就是基地的实验室，也是四川省的重点实验室，博士后工作站就在此。如果大家对大熊猫的科研繁殖感兴趣，还可以去参观。

下面我们就到成年大熊猫饲养区去看一看，大家跟着我走，千万别错过了和大熊猫亲密接触的机会哟！

🖥 实训练习

一、阅读范文、释难解疑

首先，在教师指导下，阅读成都大熊猫繁育基地旅游景区（点）简介和讲解词范文，熟悉景区（点）的概况。

其次，将范文中的"熊猫食物"进行整理，看看熊猫还吃什么。

最后，参照范文，根据自己的讲解特点和表达习惯，将范文做梳理与微调；选择适当的讲解技巧，将范文转化为适合自己讲解风格的解说词，完成对成都大熊猫繁育研究基地旅游景区（点）的讲解练习。

二、分解练习、循序渐进

首先，朗读范文，规范读音，理顺语句词汇，运用恰当的讲解方式和技巧，完成对成都大熊猫繁育研究基地旅游景区（点）的口头讲解初期练习。

其次，对成都大熊猫繁育研究基地旅游景区（点）范文中的地理位置、食物特点、生活习性、熊猫基地所获荣誉等，做到巧记熟记，不能出错。

再次，讲解时要求声音洪亮、吐字清楚，普通话标准流畅、语速适当。

然后，根据成都大熊猫繁育研究基地旅游景区（点）的特点，决定是否需要讲解器等辅助设备。

最后，分段落记忆与背诵，反复多次模拟讲解练习，逐步完成对成都大熊猫繁育研究基地旅游景区（点）的流畅讲解，直至达到"考核评价"的要求。

★**活动三　考核评价**

将学生分成若干个小组，每组六人，一人担任讲解员，其他人扮演游客进行模拟讲解实训训练，组内成员轮流担任模拟讲解员。模拟讲解完毕后，成员填写"任务评价"表格。

【任务评价】

评价项目	自我评定	小组评定	教师评定
仪容仪表（10）			
礼节礼貌（15）			
语音语调（10）			
口头表达（20）			
体态语言（10）			
讲解内容（20）			
讲解技巧（15）			
总评（等级评定）			
等级评定：优（90分以上）　良（80～89分）　中（70～79分）　合格（60～69分）　不合格（60分以下）			

【实训心得】

_____

_____

_____

_____

任务七　青城山旅游景区（点）讲解实训

★活动一　课前预习

一、青城山旅游景区（点）简介

青城山，全球道教主流教派全真道圣地，世界文化遗产，世界自然遗产（四川大熊猫栖息地），中国道教四大名山之一，全国重点文物保护单位，国家重点风景名胜区，国家 5A 级旅游景区。

青城山位于四川省成都市都江堰市西南，东距成都市区 68 千米，处于都江堰水利工程西南 10 千米处，主峰老君阁海拔 1260 米。青城山群峰环绕起伏，林木葱茏幽翠，享有"青城天下幽"的美誉。青城山历史悠久，是中国道教发祥地之一，是全国道教十大洞天的第五洞天。青城山名胜古迹很多，古建筑各具特色，古今名人诗画辞赋处处可见，有优美的风光和神奇的传说。全山宫观以天师洞为核心，建有建福宫、上清宫、祖师殿、圆明宫、玉清宫、朝阳洞等。青城山自古是文人墨客探幽访胜和隐居修炼之地，古称"洞天福地""神仙都会"。青城山在历史上名称很多，如汶山、天谷山、渎山、丈人山、赤城山、清城都、天国山等。青城山被誉为"天下第五名山"。

二、青城山旅游景区（点）传说

据葛洪《神仙传》所载，东汉时的张陵先在四川鹤鸣山隐居修行，后遇太上老君传道而得道。鹤鸣山与青城山相连，张陵便来到青城山传道，期间曾去嵩山，最后羽化成仙，被封为张天师。张陵之后，从汉末至南北朝，来到青城山修道的有李阿、陈勋、范长生、杨超远等人。

葛洪《神仙传》载，四川人李阿，据说活了很长时间，但也不见衰老。在吴孙权当政时期，他常常在成都市的街头行乞，一旦讨得东西，就马上散赐给贫者。他每天晚上离开成都，早上回来，人们不知他到底住在何方。如果想问李阿什么事，李阿从不正面回答，但只要仔细察看他的表情就会知道答案。如果李阿的脸上有喜色，那么问的事一定是吉利的；如果李阿面容悲戚凄惨，那么问的事就一定凶险；如果李阿面含微笑，就一定是大喜之事；如果李阿有轻轻的叹息，那么一定有让人深忧的地方。人们就这样向李阿问事的吉凶，屡试不爽。一个叫古强的人，觉得李阿肯定不是凡人，就经常照顾李阿，并跟随李阿回家，这才知道李阿住在青城山里。古强十八岁时，看见李阿也就五十来岁，到古强八十多岁时，李阿仍然是五十岁的样子，一点也没变。后来李阿说昆仑山的神仙召他马上就去，于是李阿进了昆仑山，从此再也没有回来。

三、实训前的准备

物质准备：讲解证、导游旗、随身包、记事本、成都青城山景区（点）游览图、便携式讲解器、遮阳伞（雨伞）等。

心理准备：充满自信，告诉自己一定能完成接待任务，坚定吃苦耐劳的信念，了解游客的需求，分析青城山旅游景区（点）的哪些方面游客最感兴趣，熟悉青城山旅游景区（点）的讲解词范文。

形象准备：干净的头发、大方得体的衣着、轻便且易于行走的鞋，男士不得留胡须，女士不得化浓妆，不留长指甲。

仔细核实接待计划，根据客人的特点选择适合的讲解风格。

★ 活动二　讲解词范文赏析及讲解实训练习

📖 模拟范文赏析

青城山旅游景区（点）讲解词

各位游客，大家好！欢迎您来到"西蜀第一山"——青城山寻幽探奇。今天，小何将和大家一起走进幽幽青城，感受道法自然。接下来咱们将由前山门依次向上游览天师洞、上清宫等，请各位在登山途中注意脚下台阶，不要与这山中的诸多游客"对唱情歌、一呼一喝"，让我们一起营造这道家的清幽之境。

话说，公元 143 年，一位身着长袍的百岁老人长途跋涉来到了这青城山麓，留在了这环境清幽的山中，于山林溪涧之中，开始了静静的思索。他将毕生所学的黄老之术在当地传播，并创立了天师道。后来天师道衍化成唯一源自中国的世界性宗教——道教。相传这位最后羽化于此的老人就是道教的开山鼻祖——张道陵。后来道教从这里开枝散叶，三生万物，传遍中国。而青城山也作为道教的发祥地，世代香火缭绕，文人香客络绎不绝，成为受人敬仰的道教名山。

进入山门之后，我们右行来到这条林间山道之上。首先进入眼帘的是路旁的翠光亭。您看，亭中五位仙风道骨的老人正在合奏着一曲婉转悦耳、潜心静气的古琴曲。没错，这就是在青城流传了 2000 多年的洞经古乐。洞经音乐属道教音乐，是古典宗教音乐的活化石，因最初用于演说道教经典《玉清无极总真文昌大洞仙经》或《洞经》而得名。它始于唐宋，盛于明清。

洞经音乐作为一种古老的宗教音乐，主要是用于颂神祈福、超度修持所用，在曲调形式上有"阳韵"和"阴韵"之分。"阳韵"多用于早坛功课和祥祈性法事。那各位知道这"阴韵"是用于什么法事的吗？其实它是用于晚坛功课和超度法事的。音乐的烘托、渲染使道教斋醮仪式显得更加庄严而神圣，而这也正反映出了道教追求长生久视和清静无为的理念。

道乐与汉民族传统音乐的关系十分密切，它大量地吸取和糅合了宫廷音乐和民间音乐的曲调及演奏方法，因此道乐具有广泛的群众性和地方性。一方面，道乐的曲调与形式容易被一般百姓所理解接受，不仅能够渲染宗教，还能娱情娱乐；另一

方面，道乐也多变。地方之上将道乐重新改革，变成新的音乐与戏剧。例如，陕西的民间道情调、浙江南部流行的大词，都是从道乐中演变分化出来的。

听！一首洞经古乐肃穆又不乏清幽，表现出祈祷时的悠扬缥缈。您是否能感悟到声乐中天人合一、天籁自然的空灵呢？

话说回来，清朝咸丰年间，道士张孔山在此修道。他常年在古堰旁山林间，聆听着千变万化的自然之声，倾尽毕生所学，谱出了一首将道教音乐推向极致的古琴曲——《流水》。《流水》被世界视为东方音乐的杰出代表。

现在乐师们演奏的正是《流水》曲。您听，琴曲在这崇山峻岭之中千回百转，汇万千小调于一曲，时而空灵，时而优雅。古老的青城山与灵动的古乐浑然一体，旷古不变的停留在山水之间。这，也许正是我们今天"青城之恋"的韵味。

好了，乐音在心，高峰在前，请大家随我继续向上，沿途再细细品味这青城的幽韵吧。

📖 **实训练习**

一、阅读范文、释难解疑

首先，在教师指导下，阅读青城山旅游景区（点）简介和讲解词范文，熟悉景区（点）的概况。

其次，将范文中的"洞经音乐"进行整理。

最后，参照范文，根据自己的讲解特点和表达习惯，将范文做梳理与微调；选择适当的讲解技巧，将范文转化为适合自己讲解风格的解说词，完成对青城山旅游景区（点）的讲解练习。

二、分解练习、循序渐进

首先，朗读范文，规范读音，理顺语句词汇，运用恰当的讲解方式和技巧，完成对青城山旅游景区（点）"的口头讲解初期练习。

其次，对青城山旅游景区（点）范文中的地理位置、洞经音乐等，做到巧记熟记，不能出错。

再次，讲解时要求声音洪亮、吐字清楚，普通话标准流畅、语速适当。

然后，根据青城山旅游景区（点）的特点，决定是否需要讲解器等辅助设备。

最后，分段落记忆与背诵，反复多次模拟讲解练习，逐步完成对青城山旅游景区（点）的流畅讲解，直至达到"考核评价"的要求。

⭐ 活动三　考核评价

将学生分成若干个小组，每组六人，一人担任讲解员，其他人扮演游客进行模拟讲解实训训练，组内成员轮流担任模拟讲解员。模拟讲解完毕后，成员填写"任务评价"表格。

【任务评价】

评价项目	自我评定	小组评定	教师评定
仪容仪表（10）			
礼节礼貌（15）			
语音语调（10）			
口头表达（20）			
体态语言（10）			
讲解内容（20）			
讲解技巧（15）			

续表

评价项目	自我评定	小组评定	教师评定
总评（等级评定）			
等级评定：优（90分以上）　良（80～89分）　中（70～79分）　合格（60～69分）　　　　不合格（60分以下）			

【实训心得】

_____

_____

_____

_____

附录一 四川省重点旅游景区（点）资源概况

（数据于 2016 年 5 月采集自四川旅游政务网）

一、5 个世界遗产级旅游景区

1. 黄龙风景名胜区（自然遗产，1992.12）
2. 九寨沟风景名胜区（自然遗产，1992.12）
3. 峨眉山—乐山大佛（自然文化遗产，1996.12）
4. 青城山—都江堰（文化遗产，2000.11）
5. 大熊猫栖息地——卧龙、四姑娘山和夹金山（自然遗产，2006.7）

二、10 个 5A 级旅游景区（点）

1. 青城山—都江堰旅游景区
2. 绵阳市北川羌城旅游区
3. 广元市剑门关景区
4. 乐山大佛景区
5. 峨眉山风景名胜区
6. 南充市阆中古城旅游区
7. 广安市邓小平故里旅游区
8. 阿坝州汶川特别旅游区
9. 黄龙风景名胜区
10. 九寨沟风景名胜区

三、165 个 4A 级旅游景区（点）

1. 成都市东郊记忆旅游景区
2. 成都市海昌极地海洋世界景区
3. 成都市桃花故里旅游景区
4. 成都市海宁城商贸旅游景区
5. 四川省成都市锦江区三圣花乡
6. 成都国际非物质文化遗产博览园旅游景区
7. 成都杜甫草堂博物馆

8. 成都金沙遗址博物馆

9. 成都市欢乐谷景区

10. 成都武侯祠博物馆

11. 成都市中国女鞋之都旅游景区

12. 成都大熊猫繁育研究基地

13. 四川省成都市龙泉驿区洛带古镇

14. 成都市宝光桂湖文化旅游区

15. 成都市新都区锦门丝绸商贸旅游小镇景区

16. 成都市国色天乡乐园

17. 成都市五凤溪旅游景区

18. 成都市双流县黄龙溪旅游区

19. 成都市双流县海滨城旅游景区

20. 成都农科村旅游景区

21. 成都市望丛祠旅游景区

22. 成都市三道堰旅游景区

23. 成都市新场古镇旅游景区

24. 成都市西岭雪山景区

25. 四川省成都市大邑县刘氏庄园旅游区

26. 成都市花水湾温泉度假旅游区

27. 成都市建川博物馆聚落

28. 成都市石象湖旅游区

29. 成都市花舞人间旅游景区

30. 成都市虹口旅游景区

31. 成都市都江堰灌县古城旅游景区

32. 成都市白鹿中法传统风情小镇

33. 成都市彭州宝山旅游景区

34. 四川省成都市邛崃市邛崃市天台山旅游景区

35. 邛崃市平乐古镇

36. 成都崇州街子古镇

37. 成都市崇州元通古镇旅游景区

38. 自贡恐龙博物馆

39. 自贡市荣县大佛文化旅游区

40. 攀枝花市二滩国家森林公园

41. 攀枝花市攀西大裂谷格萨拉生态旅游区

42. 四川省泸州市泸州老窖旅游区

43. 四川省泸州市张坝桂圆林旅游景区

44. 四川省泸州市纳溪区泸州市天仙硐旅游景区

45. 四川省泸州市纳溪区花田酒地旅游景区

46. 四川省泸州市古蔺县泸州市太平古镇景区

47. 四川省泸州市黄荆老林旅游景区

48. 四川省德阳市罗江县白马关旅游景区

49. 四川省德阳市广汉三星堆博物馆

50. 四川省德阳市中国绵竹年画村

51. 四川省德阳市绵竹九龙山 – 麓棠山旅游区

52. 四川省绵阳市寻龙山景区

53. 四川省绵阳市梓潼县七曲山风景区

54. 四川省绵阳市科技馆旅游景区

55. 四川省绵阳市仙海旅游景区

56. 四川省绵阳市北川羌族自治县西羌九黄山猿王洞

57. 四川省绵阳市北川羌族自治县北川维斯特农业休闲旅游区

58. 四川省绵阳市北川羌族自治县绵阳市北川药王谷旅游景区

59. 四川省绵阳市平武报恩寺

60. 四川省绵阳市江油窦圌山风景区

61. 四川省绵阳市江油李白纪念馆景区

62. 四川省绵阳市江油李白故居旅游景区

63. 四川省广元皇泽寺

64. 四川省广元市曾家山景区

65. 四川省广元市天曌山景区

66. 四川省广元市青川县唐家河景区

67. 四川省广元市千佛崖旅游景区

68. 四川省广元市平乐旅游区

69. 四川省广元市昭化古城

70. 四川省广元市明月峡景区

71. 四川省广元市朝天区龙门阁景区

72. 四川省广元市朝天区水磨沟旅游景区

73. 四川省广元市鼓城山 – 七里峡景区

74. 四川省广元市青川东河口地震遗址公园

75. 四川省广元市青川清溪古城旅游景区

76. 四川省广元市剑阁县翠云廊景区

77. 四川省广元市苍溪红军渡·西武当山景区

78. 四川省遂宁市观音湖湿地公园旅游景区

79. 四川省遂宁市龙凤古镇景区

80. 四川省遂宁市中国观音故里旅游区

81. 四川省遂宁市安居区七彩明珠景区

82. 四川省遂宁市中国红海生态旅游景区

83. 四川省遂宁市中华侏罗纪探秘旅游区

84. 四川省遂宁市子昂故里文化旅游区

85. 四川省遂宁市中国死海旅游度假区

86. 四川省内江市隆昌县石牌坊旅游区

87. 四川省内江市隆昌县古宇湖旅游区

88. 四川省乐山市黑竹沟风景区

89. 四川省乐山市峨眉山大佛禅院佛教文化旅游区

90. 四川省乐山市乌木文化博览苑

91. 四川省乐山市东方佛都旅游景区

92. 四川省乐山市沙湾郭沫若故居旅游景区

93. 四川省乐山市犍为县嘉阳．桫椤湖景区

94. 四川省乐山市夹江天福观光茶园

95. 四川省乐山市沐川县桃园山居景区

96. 四川省乐山市仙芝竹尖生态园旅游景区

97. 四川省南充西山风景区

98. 四川省南充市凌云山景区

99. 四川省南充市南部县升钟湖旅游景区

100. 四川省南充市蓬安县嘉陵第一桑梓旅游区

101. 四川省朱德故里琳琅山景区

102. 四川省南充市张澜故里景区

103. 四川省南充市阆中天宫院风水文化景区

104. 四川省眉山市三苏祠景区

105. 四川省眉山市黑龙滩旅游景区

106. 四川省眉山市洪雅县柳江古镇旅游景区

107. 四川省眉山市青神县江湾神木园旅游景区

108. 四川省宜宾市李庄古镇

109. 四川省宜宾市流杯池公园

110. 四川省宜宾市南溪古街旅游区

111. 四川省宜宾市江安县夕佳山旅游区

112. 四川省宜宾市长宁县七洞沟旅游景区

113. 四川省宜宾蜀南竹海风景名胜区

114. 四川省兴文石海洞乡旅游区

115. 四川省广安市神龙山巴人石头城景区

116. 四川省武胜县宝箴塞

117. 四川省广安市武胜县白坪－飞龙旅游景区

118. 四川省广安市邻水县天意谷旅游景区

119. 四川省广安华蓥山旅游区

120. 四川省达州市真佛山景区

121. 四川省达州市宣汉县洋烈水乡景区

122. 四川省达州市大竹县五峰山旅游景区

123. 四川省达州市渠县賨人谷旅游景区

124. 四川省雅安碧峰峡旅游区

125. 四川省雅安市上里古镇景区

126. 四川省雅安市雨城区金凤山旅游景区

127. 四川省雅安市雨城区周公山旅游景区

128. 四川省雅安市蒙顶山旅游区

129. 四川省雅安市荥经县云峰山景区

130. 四川省市汉源县花海果乡旅游景区

131. 四川省雅安市石棉安顺场旅游景区

132. 四川省雅安市天全县二郎山喇叭河旅游景区

133. 四川省雅安市芦山县龙门古镇旅游景区

134. 四川省雅安市宝兴县熊猫古城景区

135. 四川省雅安宝兴东拉山大峡谷旅游景区

136. 四川省雅安市宝兴县熊猫古城景区

137. 四川省巴中市通江王坪旅游景区

138. 四川省巴中市诺水河旅游景区

139. 四川省巴中市米仓山旅游景区

140. 四川省巴中市南江县最美玉湖 – 七彩长滩景区

141. 四川省巴中市光雾山景区

142. 四川省巴中市平昌县巴灵台景区

143. 四川省巴中市平昌县驷马水乡旅游景区

144. 四川省巴中市佛头山旅游景区

145. 四川省资阳市安岳石刻·圆觉洞景区

146. 四川省资阳市陈毅故里景区

147. 四川省阿坝州汶川大禹文化旅游区

148. 四川省阿坝州理县毕棚沟景区

149. 四川省阿坝州理县桃坪羌寨—甘堡藏寨旅游景区

150. 四川省阿坝州叠溪·松坪沟旅游景区

151. 四川省阿坝州茂县羌乡古寨旅游景区

152. 四川省阿坝州松潘县川主寺旅游景区

153. 四川省阿坝州金川县观音桥风景区

154. 四川省四姑娘山风景区

155. 四川省阿坝州达古冰川景区

156. 四川省阿坝州卓克基嘉绒藏族文化旅游区

157. 四川省阿坝州若尔盖县九曲黄河第一湾景区

158. 四川省甘孜州康定情歌（木格措）风景区

159. 四川省泸定海螺沟冰川森林公园

160. 四川省甘孜州稻城亚丁景区

161. 四川省凉山州西昌市螺髻山旅游景区

162. 四川省凉山州西昌市邛海泸山国家级风景名胜区

163. 四川省凉山州泸沽湖旅游景区

164. 四川省凉山州会理古城旅游景区

165. 四川省凉山州西昌市冕宁县灵山旅游景区

附录二　博物馆常见器物小常识

簠（fǔ）：古代祭祀和宴飨时盛放黍、稷、粱、稻等饭食的器具，基本形制为长方形器。盖和器身形状相同，大小一样，上下对称，合则一体，分则为两个器皿。簠出现于西周早期，主要盛行于西周末、春秋初，战国晚期以后消失。

彝（yí）：古代盛酒的器具，通"仪""礼"，既是古代青铜器中礼器的通称，又是一种具体的器物，盛行于商晚期至西周中期。

甗（yǎn）：中国先秦时期的蒸食用具，可分为两部分。下半部是鬲（lì），用于煮水，上半部是甑，两者之间有镂空的箅，用来放置食物，可通蒸汽。

戟（jǐ）：一种我国独有的古代兵器。戟是戈和矛的合成体，它既有直刃又有横刃，呈"十"字或"卜"字形。因此，戟具有钩、啄、刺、割等多种用途，其杀伤能力胜过戈和矛。

觥（gōng）：盛酒器，流行于商晚期至西周早期。

盉（hé）：古代盛酒器，是古人调和酒、水的器具，用水来调和酒味的浓淡。

罍（léi）：商晚期至东周时期大型的盛酒和酿酒器皿，体量略小于彝。罍有方形和圆形两种，方形罍出现于商代晚期，而圆形罍在商代和周代初期都有。

觚（gū）：古代一种用于饮酒的容器，也用作礼器。圈足、敞口、长身，口部和底部都呈现为喇叭状。觚盛行于商代和西周。

觯（zhì）：古代礼器中的一种，盛酒用，流行于商晚期和西周早期。

鬲（lì）：一种古代煮饭用的炊器，有陶制鬲和青铜鬲。青铜鬲最初是依照新石器时代已有的陶鬲制成的。其形状一般为侈口（口沿外倾），有三个中空的足，便于炊煮加热。青铜鬲流行于商代至春秋时期。

瓿（bù）：盛酒器和盛水器，亦用于盛酱，流行于商代至战国。器型似尊，但较尊矮小。圆体、敛口、广肩、大腹、圈足、带盖，有带耳与不带耳两种，亦有方形瓿。

斝（jiǎ）：古代用于温酒的酒器，也被用作礼器，通常由青铜铸造，三足，一鋬（耳），两柱，圆口呈喇叭形，盛行于商代和西周时期。

盨（xǔ）：盛放黍、稷、稻、粱等饭食的礼器或食具。

敦（duì）：古代食器，在祭祀和宴会时盛放黍、稷、稻、粱等作物。

殳（shū）：古代兵器，用竹或木制成，有棱无刃，起撞击或前导作用。

匜（yí）：古代盥洗时用于盛水的器具，形状像瓢，与盘合起来使用，反映古代人用流动的水来洗手。匜有水溢出来的意思。该器具最早出现于西周中期，流行于西周晚期和春秋时期。

铙（náo）：又称为钲和执钟，我国最早使用的青铜打击乐器之一，其最初的功能为军中传播号令，流行于商代晚期，周初沿用。

钫（fāng）：古代青铜制方口大腹的容器，用于盛酒或粮食。

钲（zhēng）：古代的一种打击乐器，用铜做的，形似钟而狭长，有长柄可执，口向上以物击之而鸣，在行军时敲打。

錞（chún）：古代一种铜质的军乐器，形如圆桶，上大下小，顶上多做虎形钮，可悬挂，常与鼓配合。

缶（fǒu）：古代一种大腹小口、有盖的盛酒瓦器。

铩（shā）：古代一种长矛，由铍演变而成。与铍的区别是铩在茎与刃之间加有两端上翘呈锐尖状的、具有格架功能的镡。

钺（yuè）：古代武器，虽具备杀伤力，但是更多的是一些仪卫所用。和使用武器不同，它是一种王权的象征。